A poeta da Cidade Maravilhosa

Rafael Sento Sé

A poeta da Cidade Maravilhosa

Jane Catulle Mendès e a viagem que criou o sonho de um Rio de Janeiro na Belle Époque

autêntica

EDITORES RESPONSÁVEIS
Rejane Dias
Schneider Carpeggiani

PREPARAÇÃO DE TEXTO
Schneider Carpeggiani

REVISÃO
Lívia Martins

CAPA
Arthur Carrião
(Sobre Photo12 / Easy Mediabank; Foto: Rio de Janeiro, Praia de Copacabana [1905?] por A. Ribeiro / Acervo da Biblioteca Nacional)

DIAGRAMAÇÃO
Waldênia Alvarenga

Dados Internacionais de Catalogação na Publicação (CIP)
Câmara Brasileira do Livro, SP, Brasil

Sento Sé, Rafael
A poeta da Cidade Maravilhosa : Jane Catulle Mendès e a viagem que criou o sonho de um Rio de Janeiro na Belle Époque / Rafael Sento Sé. -- 1. ed. -- Belo Horizonte, MG : Autêntica Editora, 2025.

ISBN 978-65-5928-629-4

1. Catulle Mendès, Jane, 1867-1955 2. Escritoras francesas - Biografia e obra 3. Rio de Janeiro (Estado) - Descrições e viagens I. Título.

25-304051.0 CDD-848.092

Índices para catálogo sistemático:
1. Escritoras francesas : Biografia 848.092

Aline Graziele Benitez - Bibliotecária - CRB-1/3129

GRUPO **AUTÊNTICA**

Belo Horizonte
Rua Carlos Turner, 420
Silveira . 31140-520
Belo Horizonte . MG
Tel.: (55 31) 3465 4500

São Paulo
Av. Paulista, 2.073 . Conjunto Nacional
Horsa I . Salas 404-406 . Bela Vista
01311-940 . São Paulo . SP
Tel.: (55 11) 3034 4468

www.grupoautentica.com.br
SAC: atendimentoleitor@grupoautentica.com.br

[...] *pareceu-me qualquer coisa sonhante.*

(Jane Catulle Mendès, quando da sua primeira visão da cidade do Rio de Janeiro)

A baía de Guanabara
[...]
Pareceu-lhe uma boca banguela
E eu, menos a conhecera, mais a amara?
Sou cego de tanto vê-la, de tanto tê-la estrela
O que é uma coisa bela?

(Caetano Veloso, na letra de "O estrangeiro")

Agradecimentos

A história de Jane Catulle Mendès não teria chegado ao público mais amplo se não fosse pelo incentivo e amor de Manoela, Antonio e Pedro. Foram igualmente de fundamental importância Morgana, Guilherme, Alice e Vitor. Almir, Anita, Celeste, Edmundo, Esmeraldino, Idolinda, Myriam e Valéria estão certamente orgulhosos, de onde quer que leiam estas páginas.

A amiga e historiadora Maria Inez Turazzi, a quem considero mentora, foi uma das incentivadoras de primeira hora e sugeriu a estrutura narrativa adotada. Agradeço aos meus colegas de redação ao longo da vida, na figura do Pedro Tinoco, que leu muitas das minhas histórias cariocas, e aos do mercado editorial, na figura de Leonardo Iaccarino.

Monica Ramalho, com seu colorido no olhar e na gargalhada, Alexandre Macedo, Caio Barretto Briso, Marcelo Calero e Maria Isabel Werneck foram sempre generosos na escuta em diferentes etapas.

Agradeço aos funcionários da Biblioteca Nacional, que fazem da Hemeroteca Digital um serviço de primeira necessidade para a memória, e aos arquivistas e historiadores da Biblioteca Marguerite Durand, da Academia Brasileira de Letras e do Museu da República.

E, por fim, agradeço demais à Carla Madeira, que me apresentou à Rejane Dias, da Autêntica Editora. Este livro não teria tomado esta forma se não fosse o cuidadoso trabalho de edição de Schneider Carpeggiani e de arte de Arthur Carrião e Diogo Droschi. Vocês foram incríveis.

Prólogo

O nome de Jane Catulle Mendès surgiu pela primeira vez num livro determinante na minha paixão pela história do Rio de Janeiro. Ainda que tivesse herdado de meu avô Almir, poeta diletante, alguns clássicos da historiografia carioca, não tinha lido nenhum daqueles volumes, até abrir *O Rio de todos os Brasis*, do economista Carlos Lessa. Meu propósito era totalmente utilitário: buscava informações históricas para alguma reportagem da revista *Domingo*, do *Jornal do Brasil*, celeiro de gerações de grandes jornalistas nas áreas de comportamento e cultura.

O livro de Lessa, com seu resumo compreensivo dos quatrocentos e tantos anos de história da cidade, fascinou-me pelo estilo coloquial e pelas informações detalhadas e preciosas a respeito da cidade em seus momentos cruciais. O Lessa contava, por exemplo, a quantidade de padarias no Rio de Janeiro no início do século XIX.* Fiquei fascinado com aquilo, aparentemente uma informação banal, mas que vinha junto de uma série de reflexões sobre costumes tipicamente cariocas. Vejamos: se havia tão poucas padarias na época, o hábito de comer o pãozinho à base de farinha de trigo era raro. E só passou a ser chamado de francês por causa da nacionalidade dos donos desses estabelecimentos pioneiros.

---

* Eram 6 em 1816, para atender a uma colônia de franceses estimada em 1.400 pessoas.

Nesta primeira leitura, encantado pelo tanto de aspectos que uma simples padaria poderia guardar, ignorei completamente Jane Catulle Mendès – ela surge rapidamente no capítulo sobre a construção da noção de cidade maravilhosa no contexto da República Velha –, mas despertei para um aspecto da investigação histórica e sociológica que me acompanhou ao longo da minha trajetória profissional e que nunca abandonei. Se nem um hábito que parece a coisa mais natural do mundo, como comer um pão francês, foi sempre assim, então, tudo guarda uma história por trás, nem sempre visível, recoberto por inúmeras demãos que o tempo tratou de aplicar. Não havendo tradição inocente, tudo na cidade, enfim, tem aquele descascadinho no verniz, pronto para ser cavucado.

A partir daí, como repórter numa revista de comportamento focada no Rio de Janeiro, passei a buscar essas lascas, aquilo que alguns anos mais tarde descobri que o historiador Luiz Antonio Simas designou como as "pedrinhas miudinhas",[1] guardiãs de aspectos tão importantes da história de um lugar quanto os grandes artefatos. As pessoas comuns ou que ficaram escondidas pelas camadas do tempo podem ter muito mais a dizer sobre um determinado período do que os grandes heróis dos livros didáticos.

Foi justamente para resgatar personagens desconhecidos, e revisitar episódios históricos do Rio de Janeiro sob novos pontos de vista, que criei um blog em meados de 2012. Tornei-me assíduo de hemerotecas digitais. Sem sair de casa, encontrava materiais incríveis e experimentava um pouco da mesma sensação do antiquário quando se depara com uma peça valiosa. Mesmo falando para uma audiência pequena, cada novo achado me incentivava a pesquisar e postar mais, até o dia que me perguntei: e de onde vem o epíteto "Cidade Maravilhosa"?

O Google tinha a resposta de pronto, citava logo de cara a Jane Catulle Mendès; indicava uma outra tese, a do Coelho

Neto, como uma possível origem; li o artigo[2] do festejadíssimo escritor brasileiro no qual ele menciona a expressão para descrever a Urca com os pavilhões construídos para a Exposição Nacional de 1908, e cheguei às referências catalográficas de *La ville merveilleuse* [A cidade maravilhosa], o livro que a poeta francesa escreveu depois de visitar a cidade, entre setembro e dezembro de 1911. Mais uma postagem estava, então, resolvida. Ia pegar alguns dos poemas traduzidos para o português, porque obviamente haveria de ter uma edição já traduzida – afinal tratava-se do livro que fez do Rio de Janeiro a Cidade Maravilhosa –, e ia fechar meu botequim.

Mas não, não existia uma edição em português de *La ville merveilleuse*, e a constatação despertou meu interesse em saber mais sobre o livro, sua autora e sua viagem ao Rio. Descobri que a obra de Jane Catulle Mendès, morta em 1955, estava longe de cair em domínio público, mas ainda assim não me conformava com a inexistência de uma versão em português dos poemas que consagraram o epíteto. Segui em busca de pistas e fui atrás do paradeiro de Jane Catulle Mendès nos jornais antigos e do livro em si. Se ninguém nunca havia traduzido aqueles poemas, eu mesmo me encarregaria.

Já nas primeiras buscas sobre madame Catulle Mendès, dei-me conta de que tinha encontrado um tesouro.

Ela, uma figura célebre da Belle Époque, empreende, no início dos anos 1910, uma viagem transatlântica na companhia somente de uma jovem assistente, algo um tanto incomum. Vem proferir palestras sobre diferentes aspectos da mulher francesa e, para promovê-las, convoca jornalistas dos principais veículos da época para um chá das cinco, numa pioneira coletiva de imprensa num hotel. Seus passos são acompanhados com enorme interesse por repórteres, fotógrafos e cartunistas. Um desses, surpreendido com sua caderneta e lápis indiscretos enquanto desenhava um retrato, merece uma reprimenda da visitante, num inédito flagrante *paparazzo*.

A poeta ficara viúva, havia pouco tempo, do escritor Catulle Abraham Mendès, uma figura igualmente festejada à qual se atribuía a invenção do termo parnasiano – o parnasianismo era um movimento literário em voga no Brasil naquele momento. Para Jane, a viagem é de alguma forma uma busca por afirmação e de construção de uma nova identidade, longe da sombra do marido e descolada da figura de musa. Ela encontra, no Rio recém-maquiado por Pereira Passos e saneado por Oswaldo Cruz, uma sociedade extremamente acolhedora. Os brasileiros da alta sociedade vestem-se como se em Paris estivessem e falam francês entre si, como se aquilo fosse sinal do incontestável grau de desenvolvimento alcançado. Quando Jane diz que o Rio é uma cidade maravilhosa, antes mesmo de conhecê-la mais a fundo – com base somente no primeiro pôr do sol testemunhado do navio –, soa como uma valsa de Arthur Napoleão.

Apesar do relevo alcançado por Jane Catulle Mendès, e especialmente da expressão consagrada por ela na Belle Époque, período sobre o qual tanto já se tratou, não havia nada escrito sobre sua vida, nem no Brasil nem na França. Alguns especialistas na historiografia carioca chegaram a citá-la em suas obras – Carlos Lessa, Ruy Castro, Hilda Machado, para ficar nos mais recentes –, mas não atenderam aos seus encantos e chegaram a se equivocar ao repetir que madame Catulle Mendès seria neta de Victor Hugo.

Os registros daquela viagem, tão significativa para o posicionamento do Rio de Janeiro como um destino desejado por turistas no mundo inteiro e para as relações culturais entre a França e o Brasil, estavam restritos aos jornais antigos. Seus bastidores nunca haviam sido recontados num livro. Ampliei minhas buscas para acervos digitais na França, na Argentina, em Portugal, nos Estados Unidos e na Espanha e me deparei com uma poeta engenhosa, de personalidade marcante, que, em sua terra natal, desafiara as convenções sociais.

A pesquisa abriu-me um baú recheado de referências artísticas, literárias e jornalísticas da profícua produção da Belle Époque, que se entrelaçam com a trajetória de madame Catulle Mendès. Se o *Hamlet,* vivido por sua comadre Sarah Bernhardt, *en travesti*, com seu cartaz de Alphonse Mucha e adaptação de Marcel Schwob, foi um marco da crônica teatral em 1899, para a poeta se tornou um episódio dramático. Se o jornal *La Fronde*, com sua equipe completamente integrada por mulheres, apontou caminhos para o feminismo, para a poeta representou a tribuna em que descobriu o poder de sua voz literária.

Madame Catulle Mendès valeu-se das inovações tecnológicas da época, como a fotografia, jornais e revistas, para construir a imagem de uma mulher festejada internacionalmente, símbolo da mais venerada das nações naquela virada de século. Sua vida, assim como a de outras escritoras célebres, atrizes do teatro, rainhas e princesas, era acompanhada com enorme interesse por publicações precursoras das atuais revistas femininas de comportamento. As conferências em Paris e em Lisboa, antes da viagem ao Rio, renderam matérias de página inteira; sua participação como integrante do júri do prêmio La Vie Heureuse, antecessor do atual Femina, era notícia, e a convidavam a opinar em enquetes sobre duelos e outros temas pertinentes à época. Nessa incipiente indústria da celebridade pré-Era do Rádio e pré-Hollywood, Jane aprendeu com dois ases na arte de arrebatar corações e mentes: a atriz Sarah Bernhardt, precursora das turnês mundiais, que vinha a ser sua comadre, e seu ex-marido, o escritor Catulle Abraham Mendès.*

---

* Para evitar ambiguidades com o nome de Jane Catulle Mendès, ao nos referirmos ao marido optaremos por seu nome completo, conforme grafado por Lanceron (2020), ou pelo segundo termo do nome composto, Abraham.

Questiona-se hoje em dia, com razão, se a Belle Époque foi tão bela assim por conta de gritantes contradições da sociedade. As mulheres não votavam, e a legislação francesa previa que os salários delas deveriam ser pagos ao marido. Havia, no entanto, um grupo de escritoras e jornalistas na linha de frente da luta por direitos. A produção literária foi um desses campos, e elas conseguiram superar inúmeros obstáculos para serem reconhecidas e conquistar sucesso, não apenas na França como também no Brasil. Essas pioneiras se tornaram parte indispensável desta pesquisa, que pode oferecer subsídios para quem se interessa em estudar o protagonismo da mulher na literatura. Além de Júlia Lopes de Almeida e suas conterrâneas e contemporâneas Emília Moncorvo Bandeira de Mello e Gilka da Costa Machado, ao longo do texto serão revisitadas passagens da vida da francesa Marguerite Durand e da cubana Aurelia Castillo de González, entre outras.

O baú que abri também guardava partituras inspiradas em Charles Baudelaire, cartazes *art nouveau* feitos por artistas mulheres, *libretos* de ópera, esculturas de mármore, cartões-postais e de visita, manifestos feministas e revistas de comportamento feminino. Na tentativa de entender que cidade era aquela que se apresentava a uma turista no início do século XX, deparei-me com alguns guias turísticos, entre eles, *The Beautiful Rio de Janeiro* e suas raras gravuras a cores, que ilustram algumas páginas deste livro, e com o esmero de *Rio de Janeiro et ses environs,* cujo primeiro exemplar foi entregue a Jane por seu idealizador, monsieur Charles Morel, veterano da Crimeia, fundador do jornal *L'Étoile du Sud* e um dos franceses que melhor conhecia o Brasil naquele momento. Impresso possivelmente na Suíça num formato portátil, trazia guia de ruas e uma história resumida da cidade com elementos saborosos.

Ambos os guias, ao valorizar os atrativos da cidade, foram vivamente saudados por ocasião de seus lançamentos, mas nenhum deles causa o impacto de *La ville merveilleuse*. O livro de Catulle Mendès é recebido com resenhas elogiosas na França e no Brasil, e seu título, logo traduzido e citado em matéria que fazia um contraponto com uma realidade – a da falta d'água em pleno verão – não tão maravilhosa assim.[3]

Em minha busca por um exemplar, encontrei uma edição, pela internet, na Biblioteca Pública de Nova York, que, mediante o pagamento de uma taxa, poderia me mandar uma cópia digital daquela raridade num CD-Rom. O tão aguardado envelope chegou alguns meses depois, já no ano seguinte, com os 33 poemas raros, que, sabe-se lá por quanto tempo, não eram lidos por ninguém, num francês antigo, representantes do parnasianismo – estilo literário conhecido pelo rebuscamento formal, pela métrica precisa e, principalmente, por certa afetação sentimental.

La ville merveilleuse é uma espécie de diário poético. Foi uma leitura penosa no começo. Tentei fazê-lo, num primeiro momento, sem o auxílio de um dicionário, só para sentir de que forma os poemas mexiam comigo. Mesmo sem entender parte das palavras, era possível enxergar a beleza e o talento da poeta. Havia um ritmo peculiar e figuras de linguagem hiperbólicas. Os sonetos foram mais fáceis de serem assimilados, mas havia outros com mais de duzentos versos. Uma boa parte dos poemas era dedicada a personalidades da política, das artes ou da literatura, incluindo mulheres, que ela conhecera em sua estadia.

Um deles, já para o fim de *La ville merveilleuse*, fez-me entender uma característica valorizada pelos parnasianos e a qual a própria madame Catulle Mendès atribuía a si própria: a sensitividade. Ao longo da vida, mencionou mais de uma vez essa sua percepção aguçada, para além dos cinco sentidos, como algo inerente aos bons poetas, grupo no qual ela se incluía. Parecia-me, num primeiro momento, algo irrelevante para a história que eu pretendia contar. Porém, em mais de uma vez, topei com demonstrações de sua sensitividade e que, de alguma forma, materializou-se na leitura do antepenúltimo poema do livro. A essa altura, eu já estava completamente aficionado pela personagem e imbuído da missão de alçá-la à ribalta novamente.

O livro com os poemas sobre o Rio de Janeiro representa um marco não apenas para a cidade, mas também para a própria autora, em sua busca por autonomia intelectual, e para as relações entre o Brasil e a França. Com *La ville merveilleuse*, ela parece afirmar sua capacidade de seguir adiante, fora da sombra do segundo marido – morto trágica e inesperadamente dois anos e meio antes –, e por um caminho que incluía as conferências. Ao longo dos dez anos seguintes, subiu aos palcos para proferir ao menos quinhentas palestras, pelas contas da própria autora.

No seu esforço para divulgar o lançamento do livro, madame Catulle Mendès promove eventos em Paris para falar da Cidade Maravilhosa e de seus aspectos culturais. O Rio de Janeiro, para ela, seria "brevemente a cidade de vilegiatura mais frequentada do mundo". "Vi o Brasil com os olhos de uma intelectual e não como exploradora que comercialmente vai avaliar uma mercadoria", compara, ao retornar. Jane, então, promove eventos que misturam palestra, projeção de fotografias, sarau de poesia e apresentações musicais, acompanhadas da performance de dançarinos, para demonstrar os ritmos brasileiros.

Nessas "galas franco-brasileiras", promovidas a partir de seu retorno e até o início da Primeira Guerra, a pianista Magdalena Tagliaferro demonstra seu virtuosismo com repertório do Brasil e a cantora lírica Nícia Silva, que Jane conhecera no Rio de Janeiro, interpreta *O guarani*, de Carlos Gomes. Artistas franceses do primeiro time, como Réjane e Mounet-Sully, leem traduções de autores mortos, como Gonçalves Dias e Machado de Assis, e vivos, Olavo Bilac e Graça Aranha entre estes.

Em 1914, Jane decide homenagear Júlia Lopes de Almeida com um banquete no MacMahon Palace, em Paris, ao qual comparecem as maiores escritoras francesas da época, artistas renomados dos dois países e personalidades brasileiras na França. Júlia é saudada como a George Sand brasileira. O cardápio mistura especialidades locais como o *consommé* luteciano com iguarias exóticas para os paladares franceses, como o doce de bacuri, e criações possivelmente pensadas para a confraternização, caso do tornedor à Machado de Assis e o *parfait* à moda da homenageada.

Revisitar a trajetória de Jane Catulle Mendès é, além do resgate da memória, um projeto para saudar toda uma geração de escritoras esquecidas, do início do século XX, e também um desejo de lançar luz sobre um episódio incontornável da história das relações entre a França e o Brasil. Os brasileiros, tão habituados a visitar Paris em busca das últimas modas, enxergam maravilhados nas vitrines algo além das novidades francesas. Parece um reflexo! Mas madame Catulle Mendès mostra que é mais do que uma imagem refletida. Tem coisas nossas, do Brasil, dentro do *magasin*.

O encontro (1911)

Túmulo dos estrangeiros

Os vapores que emanam do piso de paralelepípedo, a despeito da maresia, guardam algo de familiar ao viajante habituado às concorridas *premières* teatrais. Adentram as narinas o frescor dos dejetos largados para trás pelos puros-sangues das carruagens imiscuído às notas minerais do dióxido de carbono expelidas pelos bólidos de algumas dezenas de cavalos de potência. É um sinal do grau de civilidade alcançado pelo Rio de Janeiro num intervalo curto de tempo, argumentaria o dândi em seu paletó bem-cortado, de cartola, *pince-nez* e bengala, tipo facilmente encontrado nos dias de embarques e desembarques mais concorridos no Cais Pharoux, o terceiro mais movimentado das Américas, à beira da Baía de Guanabara.

O atracadouro, assim chamado por obra de um exilado bonapartista, que inaugurou o pioneiro Hotel Pharoux naquele trecho do litoral carioca, é a principal porta de entrada de estrangeiros do Brasil no alvorecer do século XX. Fosse uns pares de anos antes, os tripulantes chegados ao mesmo cais relatariam nauseados os temidos miasmas aos quais se atribuíam epidemias de febre amarela. Também conhecida como "vômito preto", devido a um de seus sintomas, a doença fez uma péssima fama do Rio, que chegaria a ser chamado de "túmulo dos estrangeiros".[4]

O famigerado título havia sido superado muito recentemente pelo trabalho do sanitarista Oswaldo Cruz. A preocupação da municipalidade, agora, era manter a barra livre do crescente volume de caca proveniente dos veículos de tração animal, meio de transporte ainda largamente utilizado e responsável por trazer parte das famílias abastadas para a ampla esplanada contígua à Baía de Guanabara, nos arredores do colonial chafariz em granito do Mestre Valentim. Os instrumentos musicais, tal guarda-chuva em dia de temporal, brotam do chão numa profusão de reluzentes trombones, bombardinos, tubas e outros do naipe de metais. A depender do prestígio a quem se destina o "até breve" ou o "bem-vindo", é possível encontrar naquele cenário, sob as bandeirolas penduradas a enfeitar o porto, três bandas a postos. Pupilos e colegas do saudoso Anacleto de Medeiros aguardam o comando para desferir as baquetadas que vão ditar o ritmo solene de momentos inolvidáveis para o homenageado.

A comitiva que acompanha o senador Lauro Sodré, botafoguense, candidato derrotado à Presidência da República, de sua residência no número 107 da Rua Conde de Irajá, em Botafogo, ao Cais Pharoux, em agosto de 1911, é tão numerosa – cerca de 150 autos,[5] equivalente a quase 10% da frota de veículos na época[6] – que o barulho explosivo dos motores se faz ouvir a algumas quadras de distância e serve de deixa para os pelotões de instrumentistas desfraldarem seus acordes. Carregadores, em seus trajes rústicos, já aguardam para retirar a volumosa bagagem dos viajantes. Será preciso percorrer um tumultuoso caminho para levar os pesadíssimos malões, caixas, malas e demais pacotes a bordo. Verdureiros e pescadores caminham na direção do Mercado Municipal, cujos modernos torreões reluzem o lema: o Rio civiliza-se, o Rio civiliza-se, o Rio civiliza-se. Desde a proibição do comércio ambulante decretada por Pereira Passos, tornara-se mais difícil encontrar os quituteiros a vender suas cocadas, mas os jovens jornaleiros em calças curtas bradam agitados os títulos à venda: *A Imprensa*, *O Paiz*, *A Gazeta de Notícias*, *Correio da Manhã*, *O Século*, *Jornal do Brasil*.

Há dezenas de jornais, cada qual com suas colunas sociais, que reservam à barafunda do porto, sob o intertítulo "Viajantes", espaço de destaque ao lado de banquetes, casamentos, velórios e outros acontecimentos sociais. Com blocos e lápis, os repórteres, redatores e cronistas juntam-se aos dândis, músicos e bajuladores. A turma da imprensa, entretanto, não se limita a somente observar o movimento e a colher declarações para seus textos; vai engrossar o cordão dos bajuladores. Na chegada do préstito de Lauro Sodré, já não se consegue distinguir mais o que é o espocar dos motores e as pancadas dos percussionistas nos couros de seus tambores, o que é o grave dos sopros e a rouquidão das antigas buzinas, daquelas com uma bolota de borracha na ponta de um cone metálico. A quermesse é atravessada repentinamente pelo apito naval do *Pará*, um dos maiores navios do Lloyd Brasileiro, fundeado a algumas dezenas de metros de distância. É hora de partir.

Enquanto a cidade aguarda a finalização efetiva das obras do porto moderno, para os lados da Saúde, o viajante terá de proceder como nos tempos coloniais: recorrer a escaleres, catraias e outras embarcações a remo que fazem o percurso da terra firme ao navio. E os músicos se dividirão entre os que vão animar as sessões dos filmes mudo e os salões da alta sociedade; os estivadores recostarão o cotovelo no balcão de algum botequim pestilento, daqueles com serragem no piso; os verdureiros tomarão o bonde rumo a subúrbios com jeito de roça; os meninos jornaleiros voltarão quando muito para os barracos de suas mães com algum trocado no bolso; e os bajuladores retornarão para o conforto de suas casas, com exceção dos jornalistas, que rumarão para as redações.

Numa delas, o clima de terror se instala com a chegada do diretor e do redator-chefe. Mesmo o aspirante à vaga de contínuo, que nunca havia pisado numa redação e que chegara alguns minutos antes da entrada da dupla de cabeças do jornal, nota a mudança repentina no humor da equipe.

A conversa fiada que prosperava cessa de imediato, e o jovem espanta-se. "Pensei que se fossem atirar ao chão para serem pisados por aquele novo deus", relata o visitante, sem ser notado. A lamparina queima sua chama tremeluzente, suficiente, porém, para projetar sombras descomunais do redator-chefe magro e comprido e do diretor balofo na parede oposta às janelas fechadas. Conforme atravessam o espaço acanhado daquela sala estreita e comprida exalando alcatrão e querosene, os contornos monstruosos remontam a proporções humanas.

Apenas uma divisória separa o escritório do restante da redação. O espaço reservado não é menos acanhado, mas se pode, ao menos, alongar e movimentar a cadeira sem esbarrar. Um sucessivo som de papéis sendo rasgados quebra o silêncio de tempos em tempos. O diretor está insatisfeito com as próprias tentativas de iniciar um texto. Em meio à sua irritação, vira-se de seu *bureau-ministre* à equipe de colaboradores e decreta ironicamente: "Não quero mais que se chame ninguém de eminente nas colunas do meu jornal, senão o José Bonifácio".

O aspirante a contínuo, sem se deixar impressionar pela atmosfera, permanece ali como um observador invisível. Não tardaria a farejar o forte cheiro de urina que recende ao se deslocar entre os setores da revisão e da composição e descobrir a fonte malcheirosa: entre duas caixas de tipografia, um mictório. "No dia que notei isso, não fazia oito que um artigo furioso atacava o Governo pelas más condições higiênicas do Hospício Nacional de Alienados", lembra Isaías, o escrivão do romance de Lima Barreto.[7]

O escritor teria se inspirado no *Correio da Manhã*, jornal em que ele próprio havia trabalhado por um breve período, para escrever *Recordações do escrivão Isaías Caminha*. Por meio do olhar ingênuo de seu protagonista, Lima revela um traço marcante da sociedade carioca na dita Belle Époque. É preciso ser bem hipócrita para criticar a higiene do hospício quando se trabalha num local tão insalubre. A aparência de tantas figuras eminentes contava muito mais do que qualquer outro aspecto, havia uma tendência ao exagero, o compadrio era uma marca e a imprensa fazia jus à definição "quarto poder". Houve um tempo em que jornais e revistas detinham o monopólio da influência, eram capazes de fabricar fenômenos e alimentá-los à base de manchetes, fotos e outros impressos, nem sempre fidedignos.

Estamos no 22º ano da República, a crise financeira da política de Encilhamento parecia ter ficado no passado e seu principal artífice, o jurista Rui Barbosa, fora derrotado em 1910, numa das eleições presidenciais mais polarizadas de todos os tempos no Brasil.[8] Num país até outro dia escravocrata, os ares de liberdade social, política e de opinião não passam de uma brisa, tão insignificante que seria insuficiente para fazer uma pluma se mover. Foi capaz, no entanto, de iludir e seduzir Isaías, um jovem chegado do interior à capital federal.

Desde a ascensão do Barão do Rio Branco à chefia da Chancelaria brasileira, a nação aparentava ter um plano de voo, traduzido de forma tangível nos 1.800 metros de extensão da Avenida Central, a ostentar o Theatro Municipal, nossa versão da Ópera de Paris, como uma cereja no esforço para emular a Cidade Luz. A via carioca supera em largura a Avenida de Mayo, uma das responsáveis por fazer a fama internacional de Buenos Aires a partir de sua inauguração na última década do século XIX, e credencia o Rio a disputar com a capital portenha o título de Paris dos trópicos.

A metrópole francesa emana novidades nas mais variadas áreas de conhecimento, da literatura à aviação, um modelo a ser imitado, a tal ponto que se fala francês nas altas rodas da sociedade carioca e coloca-se de pé para cantar a Marselhesa como se se escutasse o próprio hino nacional. Se até aquele momento o temor de contrair alguma doença ainda falasse mais alto e repelisse os visitantes, o saneamento e a reforma de Pereira Passos transformam a escala dos viajantes na Baía de Guanabara rumo à Argentina e ao Uruguai quase num ponto final. Para que enfrentar mais uma semana no mar se toda aquela maravilha ali se encontra?

Com a poeta Jane Catulle Mendès foi assim que se sucedeu. Primeiro, anunciou-se sua visita a Buenos Aires,[9] para conferências, e, dias depois, o jornalista e escritor português Xavier de Carvalho, titular da coluna "Cartas de Paris" publicada por *O Paiz*, confirmou o Rio de Janeiro e São Paulo no roteiro da turnê sul-americana.[10] Divulgador das novidades literárias parisienses, Xavier de Carvalho era um amigo próximo de madame Catulle Mendès e escrevia, bem ao estilo da época, da forma mais hiperbólica possível, impregnando seus textos das mais melosas figuras de linguagem.

Desferiu, para descrevê-la nas colunas publicadas entre o anúncio da visita de Jane Catulle Mendès e sua partida, uma formidável quantidade de adjetivos e palavras lisonjeiras, que teriam valido uma reprimenda do diretor de redação do jornal de Isaías Caminha, mas aquele era o padrão da época.

> Parte proximamente para o Rio de Janeiro e São Paulo a distinta poetisa, prosadora eminente e deliciosa conferente, Madame Catulle Mendès, a viúva do célebre escritor de mundial reputação.
>
> Madame Catulle Mendès é uma das mais elegantes e mais formosas parisienses. Veste com rara distinção. É uma das figuras de maior destaque das premières de Paris, deusa escultural de mármore beleza!
>
> Estivemos há dias com a distintíssima dama e sabemos que o seu plano de conferências é esplêndido.[11]

A adjetivação excessiva do arauto daquela visita é determinante para o *frisson* se apoderar de parte da imprensa, especialmente nas folhas governistas. O *Jornal do Commercio*, citado pelo jornal da comunidade francesa, esmera-se:

> Com sua estatura alta e flexível, seus olhos grandes e profundos velados por longos cílios, sua tez opaca, seus lábios carmins e seus cabelos cor de noite, sobre os quais duas rosas escarlates costumam se espalhar de cada lado da fronte, Madame Jane Catulle Mendès é admiravelmente bela e podemos, desde já, prever que sua presença na Avenida causará sensação.[12]

Na competição para ver quem faz o retrato mais laudatório, os jornalistas se sujeitam a escorregar em informações básicas, como a quantidade de livros escritos por Jane. Eram três até aquele momento, sendo dois de poesia e outro de contos, mas Xavier de Carvalho excede-se ao escrever que Jane "firmou tantos volumes de versos e de prosa".[13]

Os bajuladores da imprensa talvez ainda tivessem em mente a imagem publicada por *La Vie Heureuse* [A vida feliz],[14] em 1905, da mulher recostada numa *chaise longue*, trajando um espartilho provocante, a despeito de já ter tido quatro filhos – o mais novo deles com o segundo marido, o poeta, dramaturgo e crítico teatral de quem tomara emprestado o sobrenome. Catulle Abraham Mendès era extravagante estrela das letras e da cena cultural parisiense, fundador do parnasianismo – movimento que, no Brasil, tinha em Olavo Bilac o seu principal expoente nacional.

"Convém não esquecer que madame Catulle Mendès é uma grande amiga do Brasil, tendo grandes relações na colônia brasileira. Vimo-la em todas as festas da colônia, na glorificação de todos os heróis da história, tanto brasileira como portuguesa", escreve Xavier, referindo-se a um único evento em homenagem a Luiz de Camões, ao qual Jane Catulle Mendès havia comparecido em Paris.

> O seu tão saudoso marido – que foi um dos nossos mestres e um dos amigos de Paris, o glorioso Catulle Mendès era de origem portuguesa. Os seus avós foram israelitas, do lado de Covilhã, e o pai de Catulle Mendès falava português. É,

> portanto, quase uma compatriota que aí devemos saudar, a sempre bela, a gentilíssima madame Catulle Mendès, glória da França e joia rara de Paris![15]

Dá-se pouca atenção à razão que motiva a visita, seu trabalho intelectual como conferencista – as palestras pagas são mais um modismo importado da França. O rótulo "musa" e as credenciais matrimoniais são o suficiente para atiçar a curiosidade quanto à chegada da "deusa escultural de mármore beleza"[16] e, acima de tudo, para agradar os respectivos diretores de redação. No retorno de Jane de Buenos Aires, um grupo deles formaria uma comissão para receber a eminente poeta no Cais Pharoux, mas a curiosidade é tamanha que um redator do jornal de Xavier de Carvalho, num gesto de ousadia, na escala a caminho de Buenos Aires, resolve ir a bordo do *Araguaya* para apresentar as credenciais d'*O Paiz* e saber da expectativa de Jane Catulle Mendès com a turnê sul-americana.

É por meio desse jornalista anônimo que saberemos da paixão à primeira vista da poeta parisiense pelo Rio de Janeiro.

• • •

Fazer o jornal chegar a cada manhã na casa dos assinantes é um trabalho de pura artesania, quase um milagre. Depois de escrito, revisado e editado, o texto segue para impressão na oficina gráfica, em funcionamento logo abaixo da redação, no térreo. Juntar letrinha por letrinha dos tipos miúdos de cada colunão, de cada *fait divers* [fatos diversos], de cada artigo, por fim, de cada página d'*O Paiz* é trabalho para pelotões de tipógrafos. Eles catam, um por um, os quase quarenta mil tipos de metal necessários para preencher a folhona do jornal; ignora-se o respiro entre uma matéria e outra, é preciso colocar o máximo de informação nas resmas.

As notícias de última hora causam calafrios no chefe da oficina gráfica, pois exigem toda uma reorganização das colunas nas páginas do periódico e embaralham as peças do complexo quebra-cabeça. Na hora que tudo parece resolvido e que mais uma jornada de trabalho, ao menos para os tipógrafos, está chegando ao fim, na esquina da Avenida Central com Sete de Setembro, com a bênção do padroeiro São João Apóstolo e Evangelista, eis que recebem a notícia que nenhum deles gostaria de ouvir: conseguiram! Conseguiram entrevistar a tal madame e vai entrar na edição do dia seguinte.

Um alerta na capa da gorda edição de dezesseis páginas em plena terça-feira não deixa negar a trabalheira que se desencadeia. "Pela afluência de matéria, fomos obrigados a colocar na penúltima página os anúncios do Circo Spinelli, dos cinemas Paris, Chantecler e Ideal e do Palace-Theatre".[17] Mas é necessário acomodar aquele artigo anônimo, pérola do jornalismo brasileiro, repleta de ingredientes do que viria a se chamar jornalismo literário ou *new journalism*. O texto de última hora, escrito a quatro mãos, logo desceria para a tipografia, onde o mais arguto dos tipógrafos se coloca a catar as letrinhas *art nouveau* para estampar o título da crônica identificada pelo nome de Jane Catulle Mendès.[18]

Ainda que não tenha escapado à rasgação de seda, o artigo transporta o leitor diretamente para o idílico cenário do *Araguaya*, colosso para mil pessoas, ancorado em plena Baía de Guanabara, em uma escala antes da partida para Buenos Aires. Tripulantes caminham de um lado para o outro, cruzam com passageiros a desembarcar, outros a retornar de terra firme, até esbarrar com o jornalista em busca de madame Catulle Mendès e sua secretária Mathilde Grimaud.

> Dominando Paris, pelo esplendor de sua fina espiritualidade, e, sobretudo, pelos encantos de sua formosura, pouco comum, realçada por uma elegância requintada, verdadeira

manifestação de um delicado temperamento artístico, madame Catulle Mendès provocou, com essa sua resolução, de uma viagem à América do Sul, intenso alvoroço nos centros intelectuais onde goza de um prestígio de rainha querida.

Era assim justa a nossa curiosidade em vê-la e em ouvi-la. Resolvemos então destacar um dos nossos redatores para ir até bordo do Araguaya, o belo paquete inglês em que ela viaja, e apresentar-lhe os tributos das nossas homenagens.

Quando o nosso companheiro chegou ao Araguaya, madame Catulle Mendès estava em terra, ainda não tinha voltado para bordo. Ele não o sabia, porém, e daí começou a procurá-la, com interesse e teimosia. O primeiro a quem se dirigiu foi um rapaz alto e magro, que, com uma âncora à lapela, dava ordens e fazia gestos.

– É provável que sim e será fácil falar-lhe; basta para isso entender-se com a secretária, que a acompanha.

– E a secretária?

– Oh! É adorável...

– Não é isso, senhor, onde está ela?*

Não, o redator d'*O Paiz* apenas queria saber da secretária como poderia falar com madame Mendès.

Mas a secretária não era encontrada. O nosso companheiro, já meio desesperado, vagava por todos os salões e passadiços do navio, quando esbarrou num senhor, gordo e louro. Ousadamente pediu o seu auxílio para encontrar a ilustre viajante. O senhor gordo e louro era como o outro, o rapaz alto e magro; também não sabia. Lembrou, porém, que o *steward*, talvez, pudesse indicar.

O *steward*, realmente, esclareceu a situação. Madame Mendès estava em terra, assim que ela chegasse ele avisaria.

Eis senão quando aproxima-se do Araguaya uma lancha, que rebocava um bote, um desses modestos botes de que se

* Estas duas últimas frases do diálogo estavam originalmente escritas em francês.

utilizam os nossos catrafeiros. No bote vinham duas senhoras, que riam a bom rir das complicações que a todo momento se apresentavam, dificultando a subida ao navio. Eram madame Catulle Mendès e a secretária! Finalmente chegaram ao primeiro convés e o nosso companheiro, apresentando-se a si próprio, explicou a sua missão.[19]

Solícita, a poeta convida o jornalista a se sentar no salão da 1ª classe. Não fosse pelo pé-direito acanhado, o ambiente com seu piso acarpetado e mobiliário em madeira poderia ser o de um hotel de luxo e se assemelha ao que se veria dali a oito meses no *Titanic*, com pouco mais que o dobro da capacidade do *Araguaya*.

– Sois amável. Vinde ao salão, para conversar um pouco.*

Na conversa que se segue, a francesa revela os planos de escrever dois livros, sendo um sobre "a influência francesa no desenvolvimento da América Latina" e outro com as impressões sobre a viagem. Ao ser indagada sobre o que achava do pouco que vira do Rio, Jane revela que no curto passeio que fizera de carro – percorrera basicamente a Avenida Beira-Mar – ficara encantada com as montanhas e com o pôr do sol no dia anterior.

– Oh! Já disseram-me na Europa que são maravilhosos os arrabaldes do Rio. Que lindo país esse seu, que variedade de tons tem aqui o horizonte. Tive ontem, à tarde, uma das mais fortes impressões da minha vida. Foi quando a cidade começou a iluminar-se, e que vi vales e morros pontilharem-se, quase que repentinamente de centenas de milhares de focos de luz. Aqui, do navio, esse espetáculo era soberbo, e se ainda não teve ocasião de apreciá-lo, aconselho-o que o faça e bem compreenderá a minha emoção.

---

* No artigo, fala originalmente escrita em francês.

Ao comentário segue-se um silêncio, traduzido pelos autores do artigo com um transbordante "inteiramente entregue a recordações desta hora de gozo estético", e que só seria quebrado com a pergunta sobre o tema das conferências. O jornalista quer saber se realmente versariam sobre a mulher francesa como havia sido publicado.

> – Sim, o assunto é interessante e estou certa que agradará a esse povo em que sinto latejar com vivacidade o velho espírito de minha terra. Deram-me em Paris alguns livros de escritores brasileiros; sente-se neles o valor inextinguível da nossa raça latina.

A conversa se encerra com uma informação valiosa para compreender o encantamento de madame Catulle Mendès com o Rio. Ela revela ao interlocutor planos de passar duas ou três semanas na cidade. Veremos, no entanto, que o tempo de estadia praticamente triplicaria. Enquanto aguardam a chegada do chá, "as sereias de bordo [...] anunciaram que era hora de partir" e "madame Catulle Mendès estendeu a mão, a sua linda mão, ao nosso companheiro, acompanhando o gesto com a esperança de um *au revoir*".

Jane encara mais cinco dias de viagem até chegar a Buenos Aires, totalizando praticamente um mês desde a partida de Cherburgo, na França. Sua chegada, pelo que informa o serviço de telégrafo do jornal *O Paiz*, é festejadíssima, são oferecidos banquetes e chás em sua homenagem. Jane visita os pontos de interesse de Buenos Aires, mas, ainda impactada pelo pôr do sol carioca, não deixa de elogiar a beleza do Rio.[20] No dia 31 de agosto, pronuncia um discurso, a convite do Conselho Nacional das Mulheres, instituição pioneira na América Latina, na luta pelo sufrágio. Sua fala sobre o desenvolvimento intelectual feminista é classificada como brilhante e prepara o terreno para as conferências.

O Teatro Odeón está lotado para ouvi-la, mas as notícias que chegam sobre a estreia de Jane são contraditórias.

De acordo com o serviço telegráfico próprio d'*O Paiz*, alcança "grande êxito a conferência realizada no Odeón por madame Catulle Mendès".[21] Na coluna bem ao lado, da mesma edição do jornal, no entanto, lê-se, também em poucas linhas, a informação fornecida pela Agência Americana: "A sala estava repleta, mas os espectadores não saíram satisfeitos com a oradora". Chega-se a anunciar que Jane teria partido de Buenos Aires neste mesmo dia, mas há uma segunda conferência marcada para o Odeón, novamente, no dia 9 de setembro. O teatro está lotado, segundo o relato, toda a elite da capital estaria presente. À última hora, entretanto, o empresário declara: "A eminente literata se encontra indisposta, não podendo por isso realizar a conferência". A francesa embarca de volta para o Rio de Janeiro depois de pouco mais de duas semanas na capital argentina e, na escala em Montevidéu, envia um telegrama ao jornal *El Diario*.[22] Ela "protesta contra a interpretação dada, aqui, à sua rápida partida e também ao fato de lhe terem atribuído conceitos contrários à graça, elegância e cortesia das damas argentinas".

O navio ainda faria mais uma parada em Santos antes de atracar novamente na Baía de Guanabara.

No dia 20 de setembro, para recebê-la, há uma comissão designada pela Associação Brasileira de Imprensa, que inclui Joaquim de Salles, de *A Notícia*, e coronel Ernesto Senna, do *Jornal do Commercio*.[23] Diante do interesse de tantos jornais em falar-lhe, a despeito da semana de viagem em mar, desde a saída de Buenos Aires, Jane Catulle Mendès convoca para aquele mesmo dia do desembarque um *five o'clock* para os jornalistas no Hotel dos Estrangeiros, na confluência dos bairros do Catete e do Flamengo. A ideia é aproveitar o chá com os diversos órgãos de imprensa reunidos no alpendre do hotel onde está hospedada, a poucos metros da enseada circunscrita à Avenida Beira-Mar, para dar mais detalhes sobre a sua estadia e divulgar suas conferências. Falando no jargão atual, nada mais do que uma coletiva de imprensa, subterfúgio até hoje comum no mundo do *showbiz* e que Jane organiza de forma pioneira no Rio de Janeiro.

Nesses tempos em que o cinema engatinha e o rádio ainda é uma realidade distante, os escritores disputam os holofotes somente com cantores líricos e os artistas do teatro. Sem a concorrência das mídias que logo surgiriam e, com a evolução dos processos de impressão, que fazem a quantidade e a tiragem das publicações estourarem, a leitura é um lazer acessível aos letrados, estimados em 40% do total da população carioca. Escritores, poetas, cronistas e jornalistas gozam do status de grandes estrelas. Nas folhas impressas de jornais e revistas ilustradas cultiva-se a relação de cumplicidade com o leitor, o que favorece o filão das conferências, que surgem como uma forma de aproximar os ídolos de seus fãs. Os leitores querem estar próximos de seus autores favoritos. Atuante na imprensa desde 1898, Jane conhece bem como funciona essa engrenagem.

O Paiz, que já conseguira aquela exclusiva na escala a caminho de Buenos Aires, anuncia a chegada com pompa novamente e estampa o clássico retrato esbelto de Jane, de corpo inteiro, segurando delicadamente um longo colar de pérolas.[24] Reproduz novamente as palavras elogiosas de Xavier de Carvalho com o acréscimo de informações sobre a criação da musa, para as quais, no entanto, é preciso ter um pé atrás. A sua infância é descrita com grandiloquência fantástica. A revista *Fon-Fon* manda o seu repórter acompanhado de um fotógrafo, que registra a imagem que seria publicada dias mais tarde.[25]

O jornal *A Imprensa* é igualmente generoso, tanto no anúncio de sua chegada quanto na matéria que publicaria no dia seguinte depois da entrevista.[26] "E, porque a sua alma é encantadora e serena, a sua visita será grata e suave – como a de uma ave mansa, que chega de outros climas, demora um instante na doçura do nosso pouso, e, depois de nos entreter* o ouvido com a sua harmonia, partiria, infelizmente, deixando-nos a saudade, mais amável que outras, da sua beleza e do seu espírito". Assim saúda a vinda de Jane Catulle Mendès, deixando evidente o preconceito reservado às *femmes de lettres* na cena cultural da Belle Époque, uma vez que o aspecto intelectual das conferências é relegado a mero passatempo.

Numa infusão constrangedora que exala aromas de viralatismo com misoginia, compara ainda sua visita com a dos "graves homens de ciências que nos têm visitado". Estes "se acaso nos não penetram a alma, não foi de certo por nossa culpa. Vinham em geral pedir-nos mais do que é possível exigir de uma nacionalidade que principia e desconhece, ainda, as profundas dificuldades em que se debatem as velhas nações da Europa... Para uma mulher de espírito e coração, seremos outros certamente".

O atraso da equipe de *A Imprensa*, formada pelo repórter e pelo fotógrafo, acaba recompensado com o melhor material produzido naquele fim de tarde. Não falta empenho à dupla, pois, mesmo com a coletiva já encerrada, eles apresentam o cartão de visitas ao porteiro e fazem chamar a secretária. Enquanto aguardam para saber se conseguiriam falar-lhe, analisando as instalações do Hotel dos Estrangeiros, o mais requisitado do Rio até aquele momento, deixam transparecer inexperiência. "Nós, que nunca tivemos momentos propícios à observação do estabelecimento que, pensávamos pela fama, o melhor congênere da cidade, nos deixamos desiludir, ante o contato da mobília, da tapeçaria, das paredes... O hotel não correspondia ao juízo que lhe formávamos, conhecendo-o, apenas, pelo nome e pela frontaria do edifício".

Não tarda para *mademoiselle* Mathilde Grimaud, a secretária de Jane, chegar e saber o que desejam, no que é

---

* No original, possivelmente por um erro de digitação, estava escrito "entender" e corrigimos para o sentido provável.

prontamente esclarecido: "merecer de madame a distinção de duas palavras". A assistente retira-se com o "andar gracioso de um pernalta", retornando minutos mais tarde na companhia de madame Catulle Mendès, com "as pontas dos dedos das mãos encarminadas, violentamente tingidas de vermelho" e "os refinamentos de *maquillage* delicadíssima". Veste-se de palha de seda e veludo, ambos "cor de carne", blusa com pequenos botões rubros e pretos do tipo olho de cabra, chapéu de palha preto arrematado com um laço de fita e, "sob a aba, na cabeça, sobre um fofo molho de cabelos, grande rosa vermelha, prestes a murchar". A *toilette* arrematada por uma "ligeira capa" a cobrir os ombros e o colo.

Com a impertinência dos bons repórteres, colocam a situação de forma clara e direta. "Viemos retardados, mas, nem sendo retardatários, consideramos o nosso prazer de gozar as impressões de sua pessoa menor ao daqueles que, cavalheirescos e amáveis, correram a lhe render homenagens de boas-vindas, logo ao seu desembarque", arriscam. Seguem, então, a convite da poeta, ao salão de leitura e, antes de "encetar conversação", o jovem repórter ainda faz mais algumas considerações sobre os trejeitos da mulher que lhe deixa uma impressão "chocantemente agradável". "Madame Jane é alta, toda ela é uma silhueta de movimentada elegância; a sua linha de beleza parece azougada; ora se distende num mover de braço, ora se retrai num curvar de busto, para, depois, mais completa se patentear, num aceno de cabeça, ou resplandecer num olhar, ou musicalizar um sorriso", descreve, para então arrematar: "A sua palavra não tem plasticidade sentimental nem acentos longos: não se demorando nos sons do vocábulo, madame fala a períodos breves, nervosamente".

– Madame, o Brasil...

– Oh! Já tenho uma impressão do Brasil...

– Do Brasil?

– Não do Brasil propriamente dito: tenho impressão do Rio de Janeiro, ao passar de viagem para Buenos Aires.

– E?

– Uma impressão de cidade ao começar da noite, vista de bordo, onde eu estava assim, de longe, fazendo-se as luzes das ruas, das praças, das casas, pareceu-me qualquer coisa sonhante. Mais fantástica com o panorama das imensas montanhas; o Rio de Janeiro, a essa hora, a quem passa dá uma impressão que eu não saberia descrever de um instante, em ligeiras palavras. Vê-se que as próprias montanhas são habitadas, tem palacetes.

– Sim, madame, do mar, Santa Teresa, que é um nosso bairro, é interessantíssimo.

– Ia dizendo, continuou: os aspectos que guardei da noite foram acrescidos com outros diferentes, mesmo opostos, se assim é possível expressar: aspectos da manhã.

– E que tais?

– Sobretudo, de muita luz, uma luz entontecedora e, dentro dela, a cidade. E arrematou num largo gesto: "J'aime le soleil!".*

– E quanto tempo ficará, madame, na terra do sol?

– Não sei, determinadamente: agora, já me chamam de Paris, por telegramas; e, como não bastasse este chamamento, recebi outro para efetuar conferências na Romênia. Desejo, contudo, permanecer aqui durante um mês.

– Apenas?

– Oh! Eu desejaria** mais: entretanto, não poderia.[27]

A conversa transcorre. Falam da visita à Argentina, sobre a qual, elegantemente, não menciona qualquer tipo de rusga, da rápida passagem por Montevidéu e as conferências que apresentará ao público brasileiro. Por conta de livros que

* "Amo o sol!"

** No original, estava "desejara".

havia ganho de amigos brasileiros, citará, além de Joana D'Arc e outras mulheres heroicas da França, também as do Brasil. Ao ser perguntada da conferência sobre a parisiense que vinha sendo anunciada, Jane comenta que esta é uma "absolutamente nova", "sobre a mulher de Paris, dos nossos dias".

Tece, então, comentários sobre o cansaço da viagem, reforça o desejo de ir a São Paulo apresentar conferências – o que nunca se concretizaria –, revela ainda que tinha contratos com *Paris-Journal* e com *Comoedia* para escrever sobre a viagem, "podendo ainda escrever para outros jornais", e, depois de ouvir o repórter se lamuriar pelo fato de o Brasil ser "tão ignorado", afirma: "O Brasil é conhecidíssimo e estimado. E, em Paris, de todas as colônias sul-americanas, a brasileira é a que mais se entrelaça, se confunde com a sociedade francesa, tendo mesmo maior influência".

Cedendo à insistência do interlocutor, Jane, que diz não saber posar e sentir arrepios do "*déclic* da máquina", assente em fazer uma foto e dar um autógrafo, que são reproduzidos na capa da edição de 21 de setembro de 1911, com os dizeres manuscritos: "Rio de Janeiro est une ville merveilleuse dont je suis éblouie"/"Rio de Janeiro é uma cidade maravilhosa que me deslumbra".

É a primeira vez que Jane se refere ao Rio como a "cidade maravilhosa" e ela está apenas chegando para o baile.

Paris (1895-1909)

"Soberbo grito de dor"

Ainda mareada, sob os efeitos da semana passada a bordo do *Amazon*, a poeta haveria de retornar aos seus aposentos no Hotel dos Estrangeiros e se deparar com cenário semelhante ao da partida em Paris, "com as frescas *toilettes* atiradas às cadeiras, pilhas de caixas de chapéus subindo até o teto, caixotes de livros, malões abertos e arranjos de rosas, feixes de orquídeas e de flores ligeiras".[28] Talvez se lembre do que dissera a um amigo que a visitara na véspera da ida a Cherburgo, onde embarcara para a América do Sul: "Partir não é morrer um pouco, é viver muito. Senão, olhe: livros, flores, bagagens, não são o símbolo de toda uma vida?".[29] E, caso se encarasse uma última vez ao espelho, antes de iniciar o ritual de *démaquillage*, enxergaria aquela mulher de chapéu de palha escuro sobre o cabelo igualmente negro, amarrado num coque volumosíssimo, que, se facilita o uso do acessório, torna quase impossível distinguir onde começa um e termina o outro. Contrastam com o vermelho da enorme rosa. Só, então, vendo finalmente o botão "prestes a murchar", como relatara o repórter d'*A Imprensa*, se daria conta de como a jornada fora extenuante.

Essa composição, harmonizada pela pintura no rosto e nas unhas das mãos pálidas, tornara-se uma marca registrada da musa parnasiana, o que lhe valeu, em seu auge, toneladas de elogios, mas também renderia maledicências misóginas. Quatro anos mais tarde, em visita aos Estados Unidos também para conferências, o *El Paso Herald* estampou: "Vem contar às mulheres como pintar as unhas", diminuindo a nobre razão de sua viagem que teria como intuito angariar fundos para uma instituição de apoio aos mutilados da Primeira Guerra.[30] A imagem construída publicamente é não somente resultado da forma como Jane se mostra, mas especialmente de como a veem. Ao longo de toda a vida, mesmo depois dos 60, ela teria de lidar com certa incompreensão da sociedade, especialmente dos homens. Nunca conseguiram conceber como seria possível habitar numa única mulher a figura da literata habilidosa com palavras e a daquela precursora das *pin-up*.

Os jornalistas brasileiros que a descrevem naquela chegada, mesmo os inexperientes repórteres d'*A Imprensa,* vislumbram bem mais do que apenas a mulher de 44 anos, enxergam bem mais do que a viajante que atravessara o oceano na companhia apenas de uma jovem assistente, trazendo malões, caixas e mais caixas, com livros, chapéus e toda a sorte de acessórios necessários para passar uma temporada de muitas semanas longe de casa. As revistas e os jornais franceses chegam aqui pelos mesmos paquetes da Mala Real Inglesa, que trouxeram Jane e sua assistente, e as notícias circulavam também pelo serviço de telégrafo, mais um dos avanços dinamizadores das comunicações entre os continentes.

Portanto, os repórteres reconhecem ali na sala de leitura do Estrangeiros a viúva de um dos *hommes de lettres* mais extravagantes de Paris, que tantas vezes fora retratado ao seu lado, fosse em caricaturas ou em fotografias ao natural, publicadas pelas revistas de comportamento feminino da época. Quem está ali não é apenas a navegante exausta, que algumas imagens daquela tarde de inverno no alpendre do hotel carioca atestam, mas a "fada" captada na década anterior nos estúdios Chéri-Rousseau – um dos mais concorridos de Paris – que rodaria o mundo. Surgia num vestido incrustado de delicados lírios, que lhe realçava a silhueta, e segurava nas pontinhas dos dedos de delicadas mãos – parte do corpo que naquela época era capaz de despertar os fetiches mais profundos – um colar de infinitas voltas das mais puras e radiantes pérolas.

A mulher revelada aos poucos, a cada item desmontado, a cada camada de pó compacto removida, no espelho do Hotel dos Estrangeiros, tem seus desejos e seus segredos.

Jane era a forma anglicizada de seu nome de batismo, Jeanne Mette, adotada depois do casamento com Catulle Abraham Mendès. Nasceu em 16 de março de 1867, em Paris, num momento político ainda conturbado na França. Seu pai, Célestin Marie Mette, um farmacêutico recém-formado, recebeu uma medalha pelo seu desempenho acadêmico,[31] e defendeu sete anos depois do nascimento da única filha uma tese de doutorado acerca das questões cardíacas, atualmente disponível para consulta no acervo da Academia Real de Médicos de Edimburgo.[32]

Ao longo de toda a primeira metade do século XIX e no momento derradeiro do Segundo Império francês, o heroísmo de Joana D'Arc foi reivindicado por diferentes grupos políticos,* e muitas meninas foram batizadas em homenagem à guerreira, cujo processo de beatificação teve início em 1869. Quando eclodiu a Guerra Franco-Prussiana, inúmeras famílias deixaram a capital para se proteger, e era provável que os Mette tenham feito o mesmo. Jane contou anos mais tarde a uma jornalista espanhola um pouco sobre a infância passada nos campos da Bretanha.[33] Ao perguntarem, certa vez, à pequena Jeanne o que ela gostaria de ser quando crescesse,

---

* Durante a Monarquia de Julho, entre 1830 e 1848, segundo Chaline (2012), foram inauguradas três estátuas em sua homenagem em Orleans, cidade francesa que Jane ajudou a libertar. A mais emblemática imagem da guerreira erguida na capital francesa, a da Place des Pyramides, foi inaugurada em 1874 mesmo depois da deposição de Napoleão III, governante que a encomendou.

respondeu simplesmente "casada", o que dizia tanto sobre a sociedade em que uma menina já conhecia plenamente o script que deveria seguir. Emendaram, então, com um "com quem", e a resposta se revelou não menos sugestiva: Victor Hugo.

O autor de *Os miseráveis* foi uma combativa figura política e, mesmo exilado, valeu-se de sua fama para contestar os desmandos de Napoleão III.[34] Fora o imperador que conferira plenos poderes a Haussmann para promover o bota-abaixo que apagou aspectos da *Vieille Paris* caros a Victor Hugo. Abriram-se largas e compridas avenidas, com prédios seguindo um padrão urbanístico específico; a capital francesa ganhou muitas das feições às quais estamos acostumados nos dias de hoje, sob o protesto do poeta. "Esta Paris, que tal fera na natureza/ Alonga os bairros como o leão a sua presa".[35]

A pequena Jeanne só não imaginava que até o seu desejo se realizar percorreria um trajeto tortuoso. Catulle Abraham Mendès não foi o seu primeiro marido. Depois de concluir os estudos no liceu, integrando a primeira geração de meninas formadas numa orientação laica, ela se casou, em primeiras núpcias, com Louis Boussac, um empresário do ramo têxtil, quinze anos mais velho. Como se viu obrigada a deixar sua amada Paris, ela fez Boussac prometer que a levaria de tempos em tempos para rever os amigos e os parentes em sua cidade natal.[36]

Jeanne se mudou para Châteauroux, 250 quilômetros ao sul da capital, passando por Orleans. Enquanto Paris ganhava relevância como grande vitrine de modismos de toda a sorte, fervilhava nos boulevards em sua intensa vida cultural, a jovem passava os dias desempenhando o papel designado pelo marido, insensível aos seus apelos. Com o desenvolvimento crescente das ferrovias, percorrer o trajeto até a capital naqueles 1880 não seria problema algum, mas Louis permaneceu irredutível. Apenas quatro anos e meio depois do enlace, Jeanne escreveu uma carta para o marido na qual apelava para que ele a escutasse com "toda a calma e sangue-frio possíveis".[37]

> Recuei até agora por temor de lhe causar muita dor; mas agora que tenho certeza que tu não tens mais nenhum tipo de carinho por mim, de qualquer que seja a natureza (tu me disseste, tu mesmo, e tenho muitas boas razões para acreditar nisso), não vou nem posso continuar a sacrificar minha natureza, meus sentimentos, meus gostos, minha existência inteira pelo que não pode ser outra coisa senão uma ferida na sua autoestima e um ataque apenas ao seu egoísmo.[38]

Em seu "soberbo grito de dor e eloquente revolta", Jeanne mencionou ainda as "ácidas reprimendas", "cenas sem razão", "as brutalidades", as "críticas ao meu mundo, meu meio, minhas ideias, meus sentimentos" e prosseguiu com o relato de uma realidade que era certamente a de muitas mulheres da época e de hoje ainda; a vida num local que mais se assemelhava a um cativeiro do que a um lar. "Tu me tomaste toda esperança de bonança, tu usaste o coração, me fizeste derramar mais lágrimas do que seria necessário para redimir a mísera existência. Tu me feriste na minha mais profunda intimidade e nos meus sentimentos mais preciosos. Atentaste contra minha estima. Paralisaste, atrofiaste minha natureza", acusou num dos trechos da carta. "Tu me removeste toda a liberdade, mesmo aquela, no entanto bem feminina, de ter um canto interior onde eu me sinta confortável, que me reconheça, onde eu respire uma atmosfera que me fosse familiar".

Enquanto muitas mulheres da época se apegariam à religiosidade para suportar tamanha privação, ela recorreu à pena. Escreveu aquela carta num dos momentos em que não estava cuidando dos três filhos que tivera com Louis – Robert estava prestes a completar 4 anos, Marcel tinha 2 e Raymond era um bebê de colo de 3 meses. O nascimento deles em nada amenizou a situação, pelo contrário. "Recordastes do nascimento dos nossos três filhos? Enquanto o trabalhador mais mal instruído é repleto de cuidados com a mulher que vai dar à luz, tu encontraste meios, mesmo para o meu primogênito, quando eu precisava de toda minha coragem e de todas as minhas forças, de me fazer cenas e de me fazer chorar...".

Jeanne ainda mencionou que foi em nome dos filhos que tomou a decisão de escrever a carta.

> É em nome deles que te suplico que não coloque nada de irrevogável entre nós, de me escutar sem cólera e de me fazer concessões. Tão grande é minha estima por vós, que eu acho que ela deve ser recíproca. Quero ser a governanta da minha casa como tu és da tua, e receber meus amigos como desejava, há quanto tempo desejava, com todo o tato e a generosidade que são convencionais no meu mundo. E quando falo dos meus amigos, falo de *mes amis à mois*, aqueles que terei o prazer de escolher e de convidar, assim como convidas os teus, tem-nos no teu lar.

Um último apelo era que passassem um mês no verão e um mês no inverno em Paris, na casa de seus familiares, entre os seus amigos. Depois da carta, ela permaneceu casada legalmente por quatro anos com o pai dos meninos até sair o divórcio em 1895 no Tribunal Civil de Châteauroux.[39]

Para entender como madame Boussac, nascida Jeanne Mette* se tornou madame Catulle Mendès era preciso revisitar acontecimentos incômodos. Se *monsieur* Boussac cedeu ou não aos apelos da mulher, não se sabe, mas um belo dia Paris se materializou no departamento de Indre, onde fica Châteauroux, na figura de Catulle Abraham Mendès, que teria ido à região para proferir uma conferência. Como Louis participava ativamente da vida política da cidade,[40] é possível imaginar que tivessem ido juntos ao compromisso social

* É comum encontrar a designação Primitive Jeanne Mette ou Jeanne Primitive Mette, como se o adjetivo fizesse parte do nome próprio. Entretanto, ele está ali apenas para designar seu nome de solteira, que em português poderia ser traduzido como "nascida".

prestigiar o parnasiano, célebre figura cujos textos eram largamente reproduzidos por jornais regionais em toda a França.

Teria Jeanne feito um apelo desesperado ao poeta 26 anos mais velho que ela? "*Emmène-moi avec toi*" [Leva-me contigo]. Seria uma hipótese plausível para um casamento em franca derrocada e aventada pela biógrafa de Marcel Boussac, o filho do meio, que seguiria no ramo do pai e chegaria ao posto de homem mais rico da França.[41] Magnata da indústria têxtil e bem-sucedido criador de cavalos para competições, seria o sócio capitalista da Christian Dior no seu início. Autora da biografia *Bonjour, monsieur Boussac*, Marie-France Pochna pintou uma Jeanne libertina em oposição ao pai de Marcel, "um personagem honorável e próspero", que teria tido a hombridade de não fazer da separação um "drama de amor-próprio".[42]

Marie-France abre o seu livro com a seguinte frase: "Quando a bela e fogosa Jeanne Boussac, cedendo aos impulsos de seu coração e de sua ambição, deixa, em 1892, seu esposo Louis e a vida provincial de Châteauroux para dividir em Paris a existência brilhante do grande poeta da moda, Catulle Mendès, ela abandonou três jovens meninos".[43] Se o ano mencionado pela biógrafa do filho estiver correto, é possível que Jeanne tenha partido para Paris em 1892 e que o divórcio tenha sido oficializado três anos mais tarde. Apesar de, pela lei, a guarda caber ao lado paterno, o tribunal decidiu que Robert e Marcel, os dois mais velhos, ficariam com o pai em Châteauroux e Raymond, o caçula, então com 4 anos, com a mãe.[44]

Para Catulle Abraham Mendès, o matrimônio também não era nenhuma novidade. Casara-se em 1866 com a também escritora Judith Gautier, a filha de Théophile, seu colega de *Le Parnasse contemporain*,[45] tendo como um dos padrinhos do enlace o escritor Gustave Flaubert.[46] Durou não mais que quatro anos; os dois se separaram, mas não conseguiram o divórcio devido à proibição da legislação vigente naquele momento. Depois, Abraham foi viver com a pianista e compositora sinfônica Augusta Holmes, com quem teve cinco filhos, entre eles as três meninas imortalizadas pelo amigo Pierre-Auguste Renoir ao redor do piano. *As filhas de Catulle Mendès* é hoje uma das mais famosas telas da coleção impressionista do Metropolitan, de Nova York.

Jane era sua terceira companheira. Quando se casaram em 1897, já havia um ano que ela tinha dado à luz Jean Primice, o filho que tivera com Abraham. A cerimônia em Chatou, nos arredores de Paris, foi discreta – e realizada em conjunto com a do casamento de uma das meninas retratadas por Renoir, Helyonne, e um jovem aspirante a escritor de nome Henri Barbusse. O casal optou por divulgar que quem estava se casando com Abraham era Claire Sidon, pseudônimo adotado por Jane por um breve período antes de assumir o sobrenome Catulle Mendès.*

Outra providência tomada, possivelmente antes do nascimento de Jean Primice, pelo que indica a matéria sobre o divórcio publicada pelo *Le Figaro*, foi a de devolver a guarda de Raymond, o caçula que tivera com *monsieur* Boussac, para o pai, com o comum acordo de visitá-los a cada quinze dias. Numa dessas visitas, Jane encontrou um dos filhos enfermo. Sem avisar, decidiu levá-lo para ser cuidado em Paris. Contrariado, o pai foi atrás deles, reconduziu o menino e, em 1902, ela lutava nos tribunais pela guarda definitiva dos filhos.[47] Eles não recebiam nem a educação nem os cuidados convenientes, alegou a mãe, que acusou: "Estão malvestidos e mal-alojados". Anos mais tarde, com os Boussac já adultos, consta que Jane se reaproximou dos filhos do primeiro casamento, que passaram a considerar Jean Primice, o filho que tivera com Catulle Abraham, como um irmão.[48]

---

* Jane menciona o pseudônimo numa carta e provavelmente optou pelo disfarce para evitar possíveis escândalos.

Apesar da ampla cobertura e das inúmeras entrevistas concedidas no embarque e no desembarque no Rio de Janeiro, os jornais da época exibiram apenas um instantâneo da personalidade de Jane, sendo incapazes de responder adequadamente quem era aquela mulher. Para eles, o fato de se estar ao lado de uma das mais célebres figuras do *grand monde* parisiense era tão fascinante que pouco importava sua vida pregressa.

Jane ainda conseguiu se despedir de Victor Hugo – morto em maio de 1885 e velado por mais de dois milhões de pessoas – antes de se mudar com o primeiro marido para o interior no ano seguinte e deixar para trás a vibrante Paris. As largas avenidas projetadas pelo Barão de Haussmann, fonte de inspiração para o urbanismo de tantas outras cidades ao redor do mundo, no entanto, ainda ressoavam o farfalhar do trote de cavalos, a puxar charretes, vitórias, cabriolés, landaus e outros tipos de carruagens. A cadência da cidade que Jane deixou para trás mudaria dramaticamente com a circulação dos primeiros automóveis movidos a gasolina. Oito meses depois da partida para Châteauroux iniciou-se a construção de uma polêmica estrutura em aço, selecionada por meio de um concurso e que seria inaugurada na Exposição Universal no ano do centenário da Revolução Francesa. Com pouco mais de trezentos metros de altura, a Torre Eiffel despertou críticas dos saudosistas, mas seus defensores a saudaram como símbolo de modernidade e da capacidade humana. Sintetizava tudo o que a Exposição Universal de 1889 pretendia ser, uma vitrine do novo século, cada vez mais próximo. Dezenas de edifícios temporários foram erguidos pelos diferentes países, e o Brasil, ainda imperial, fazia-se presente com seu pavilhão.

As brumas de setembro conferiam à torre de aço um aspecto translúcido de alabastro. Com aquele grandioso ponto de referência no horizonte, caminhar pelas ruas de Paris até o monumento era, aparentemente, tarefa simples. Conforme se andava por vias secundárias, no entanto, a torre desaparecia em meio aos prédios de quatro andares e, quando novamente ressurgia, estava mais distante do que antes. Tendo chegado à cidade há apenas cinco dias, perdida no bairro dos imigrantes asiáticos e africanos, a cronista cubana Aurelia Castillo de González tomou finalmente um bonde para chegar ao seu destino.[49] Ocupado pelos pavilhões temporários, o Campo de Marte reunia amostras da cultura e da capacidade produtiva de diferentes nações. Ao chegar perto do monumento, a correspondente cubana ficou maravilhada com os padrões que aquela renda colossal desenhava. À noite, a delicadeza da construção era arrematada por potentes holofotes em seu topo, descritos por Aurelia como a passagem de um cometa. Igualmente reluzente era o espetáculo promovido lá embaixo nas fontes. De um lado para o outro, passando sobre as estátuas em mármore branco, jatos d'água jorravam num balé sincronizado e iluminado por luzes que transformavam o líquido em cascatas de "topázios, rubis, safiras, diamantes, esmeraldas e ametistas".

Aurelia Castillo de González fora designada pelo *El País*, de Havana, para contar aos seus conterrâneos sobre as impressões da exposição e legou um olhar feminino em meio a tantos relatos de cronistas homens. Se Jane tivesse estado em Paris em 1889 talvez descrevesse a novidade com sensibilidade semelhante à de Aurelia. Eram tantas e tão interessantes as atrações nos pavilhões que, somente no décimo dia, a cubana tomou coragem para encarar a fila; não que tivesse medo, mas pela paciência requerida. Foram 45 minutos de espera para tomar o elevador até o primeiro piso e mais uma hora para ir do primeiro ao segundo.[50]

Chegando lá em cima, a *periodista* avistou o Campo de Marte tomado pelos visitantes; deambulavam-se de um pavilhão ao outro, feito formigas, até que um detalhe peculiar chamou sua atenção: uma enorme folha redonda flutuava num tanque, no pátio de uma das construções. Era uma planta totalmente desconhecida para Aurelia. Quatro dias mais tarde, de volta à Exposição, procurou o lugar avistado do alto e descobriu que aquela espécie aquática era atração do pavilhão brasileiro,[51] uma vitória-régia, exposta numa fonte ao lado de outra atração impressionante. "Se há algo que o Brasil supera qualquer outro em profusão, creio que devem ser suas minas, e vendo ali um enorme meteorito, pesando 5.300 quilos e medindo 2,15 metros de comprimento, 1,50 metro de largura e 66 centímetros de altura, composto principalmente de ferro e níquel, parece que o céu quis lhe dizer: 'Você reinará aqui por suas minas: lá vai sua coroa'",[52] descreveu Aurelia, referindo-se a uma réplica do meteorito Bendegó.

Estima-se que mais de 30 milhões de pessoas visitaram a Exposição Universal ao longo de seus 154 dias de funcionamento. A capital francesa, mais do que em qualquer outro momento do século XIX desde Napoleão, encontrava-se no centro do mundo, ditava os rumos da humanidade e fazia jus ao epíteto Cidade Luz.

O megaevento foi um em meio aos tantos da Belle Époque, período no qual Jane viveu o auge de sua popularidade. Primeiro como a mulher de um renomado literato e, depois, ela própria no papel de poeta, crítica teatral e conferencista. Jane chegou à festa seis anos mais tarde, em 1895, a tempo, no entanto, de curtir a farra que ainda duraria quase duas décadas, até o início da Primeira Guerra Mundial. E ela não estava disposta a perder mais nem um minuto sequer; mesmo que tivesse que participar do baile *masqué*, valendo-se do pseudônimo Claire Sidon. Depois de anos de privações, a chegada à *rive gauche*, território ao Sul do Rio Sena, famoso pela boêmia, amplamente frequentado pelos escritores decadentistas, era como a realização do desejo infantil; casada enfim com um poeta, tendo em seu círculo de relacionamento os maiores artistas da cena teatral parisiense. Ao lado do novo marido, passou a frequentar os salões literários e as *premières* teatrais. Agora tinha com quem conversar sobre os livros que lia, expressava suas opiniões sobre as figuras mitológicas e até se empoderou de seu papel de escritora, incentivada pelo marido e pela atriz Sarah Bernhardt, a quem o casal convidara para ser madrinha de Primice. Jane estava preparada para assumir uma nova persona, aquela que ela tanto idealizara, em sintonia com o novo século que se aproximava.

Seria, portanto, impossível se esconder muito tempo atrás do pseudônimo Claire Sidon. O marido era uma célebre figura parisiense de modos extravagantes, e sua comadre simplesmente a maior estrela do teatro mundial, com uma consolidada carreira internacional. Sarah vivia atarefada com turnês mundo afora – só o Rio de Janeiro visitaria em três ocasiões –, mas ainda assim desenvolveu com Jane uma relação de cumplicidade. Em sua homenagem, a mãe de Primice escreveu "Ballade de la belle marraine" [Balada da bela madrinha],[53] e foi para ela que, apreensiva, Sarah escreveu um telegrama, em fevereiro de 1915, informando de uma decisão extremada.[54] Sem conseguir suportar mais as dores lancinantes na perna direita, que já estava em avançado estado de gangrena, informou que amputaria o membro.

• • •

Já fazia mais de dez anos que Sarah Bernhardt convivia com dores. Ao chegar em Buenos Aires, na primeira escala da turnê mundial de 1905, um abscesso no joelho obrigou-a a se submeter a uma primeira cirurgia.[55]

Três meses depois, em agosto, Sarah desembarcou no Rio de Janeiro para apresentações no Teatro Lírico. Como guardava péssimas recordações de suas duas passagens pregressas, a cidade entrou no roteiro de última hora. Vale recordar: em sua primeira vez no Rio, em 1886, parte da trupe fora acometida pela febre amarela, seu empresário Edward Jarret morrera de um ataque do coração e a estrela se valera de um chicote para revidar um tapa violento desferido por uma atriz de sua companhia; na segunda, sete anos mais tarde, as joias utilizadas em cena teriam sido roubadas do cofre do imóvel onde ficara hospedada em Botafogo. Na derradeira visita, esta de 1905, o joelho recém-operado foi novamente castigado. O colchão que amorteceria sua queda ao se jogar do palco fora retirado inadvertidamente, resultando numa aterrissagem violenta sobre a articulação. [56] Prosperou, a versão de que o acidente no Lírico teria sido a causa da amputação, mas, no telegrama reproduzido pelo *New York Times*, madame Catulle Mendès indica outro motivo.

A situação do joelho piorou um bocado anos mais tarde, depois de presenciar um belo pôr do sol na Califórnia, no inverno de 1913. O espetáculo natural, testemunhado da janela do hotel à beira-mar, em Los Angeles, a distraíra completamente. Ao se dar conta, restava pouco tempo para chegar ao teatro onde se apresentaria. Sua assistente pediu, então, enfaticamente, que o *chauffeur* acelerasse. Ao tentar ultrapassar um bonde, ele não notou um outro veículo que se deslocava mais lento à frente e o choque foi inevitável. Sarah deixou o carro mancando, com uma das mãos segurando o combalido joelho direito, preocupada com o horário das cortinas se abrirem. Entre gritos de "*theatre, theatre*", xingava e gemia de dor até um outro carro encostar para prestar socorro.

Ela não pensou duas vezes, abriu a porta do veículo e seguiu em seu apelo por "*theatre, theatre*", até o motorista solidário finalmente entender que ela era atriz e precisava chegar ao teatro. Com seu carro completamente abarrotado, o único lugar possível para uma carona era o colo do motorista, e foi ali mesmo que ela se aboletou. A atriz chegou ao teatro e, mesmo acidentada, entrou em cena com apenas dez minutos de atraso. Quem legou esse relato foi o jornalista Harry Carr,[57] que lançaria, em 1935, *Los Angeles: City of Dreams*, ao qual se atribui a consagração do epíteto Cidade dos Sonhos.

Um Hamlet esbelto

Mesmo com o término da Exposição Universal de 1889, o frenesi parisiense não tinha limites e a sua atmosfera atraía artistas de todo o mundo na virada de milênio, entre eles estava Alphonse Mucha. O tcheco trabalhava para duas das mais requisitadas oficinas gráficas da época. Instalada no número 57 da Rue de Seine, a Lemercier era uma delas. Com suas enormes rodas cravejadas com oito manoplas, posicionadas no centro do amplo espaço, as prensas manuais produziam os cartazes em escala industrial.[58] Na retaguarda das máquinas, em mesas dispostas em filas nas partes laterais, um time de artistas gráficos criava os desenhos que ganhariam as ruas, expostos nas colunas Morris, até hoje marcantes na paisagem urbana parisiense, ou onde quer que houvesse espaço.

Os teatros eram clientes preferenciais das oficinas, que não paravam. Substituindo um funcionário de folga na semana entre o Natal e o Ano-Novo,[59] Alphonse Mucha aceitou a encomenda de um cartaz para *Gismonda*, a peça que estrearia no início de 1895 no Renaissance, com Sarah Bernhardt, conhecida como a Divina Sarah, no papel principal. A criação tinha agradado tanto que Mucha seria convidado a fazer outros cinco cartazes na reta final do século, além de cenários e outras artes variadas, como o cardápio de um almoço de gala em homenagem a Sarah Bernhardt no ano seguinte, na Sala do Zodíaco, do Grand Hôtel – atualmente conhecido como Salão da Ópera, no Intercontinental.[60] A colaboração para a comadre de madame Catulle Mendès se encerrou em 1899 em grande estilo. Já a serviço da oficina Champenois, criou o pôster de *Hamlet,* montagem que entrou para a história da crônica teatral parisiense da Belle Époque, não apenas pela *mise-en-scène*, mas também pelos desdobramentos fora dela, protagonizados pelo marido de Claire Sidon.

Em busca de novos desafios artísticos e agora preocupada em fechar as contas de sua própria casa de espetáculos, Sarah queria algo inovador, capaz de preencher os 1.600 lugares do teatro arrendado à municipalidade e batizado com seu nome, na Praça Châtelet. Encomendou, então, uma adaptação de *Hamlet* a Marcel Schwob, o já consagrado autor de *Vidas imaginárias*. Com notável habilidade para misturar ficção e realidade, Schwob se tornaria uma influência declarada de Jorge Luis Borges.[61] Para atender à demanda da "Divina Sarah", juntou-se a Eugène Morand para perscrutar as origens pré-shakespearianas de *Hamlet* e identificaram semelhanças entre o texto do bardo inglês e certos relatos de contos populares da Gasconha, no sudoeste da França, legados por M. Barré.[62] O texto de Schwob e Morand transformou pela primeira vez os versos de Shakespeare em prosa e reduziu drasticamente a quantidade de cenários do original. Para completar, o papel principal, do próprio Hamlet, coube à Sarah. Não era sua primeira montagem de *Hamlet* – já havia vivido Ofélia, a pretendente do protagonista – nem a estreia da "Divina Sarah" em papeis masculinos, *en travesti*. Seus 55 anos não foram empecilho para a exaustiva rotina de ensaios, que, ao longo de dois meses, incluía seis horas diárias de esgrima.

Na noite da estreia, a Praça do Châtelet, no 1º *arrondissement*, fervilhava; o público estava curioso para assistir à atriz duelando com seu florete. Era certamente um dos temas das conversas na porta do teatro. O tagarelar misturado ao farfalhar ritmado dos cascos de centenas de cavalos, que puxavam as carruagens de eminentes figuras do *grand monde* parisiense, era prenúncio de uma *première* daquelas. De Henry Fouquier, do *Le Figaro*, a Marcelle Tinayre, do recém-fundado *La Fronde*, jornal inteiramente produzido por mulheres, todos os principais críticos teatrais passaram por ali.[63] A chegada de Catulle Abraham Mendès, do *Le Journal*, como sempre, era aguardada com grande expectativa, ainda mais em se tratando de uma peça estrelada por sua dileta amiga. Se pensarmos que, três anos antes, no banquete em tributo à Sarah, ele fora um dos que se sentara à mesa da homenageada e escalado como um dos oradores,[64] era possível imaginar a visão privilegiada de seu balcão para o palco. Sua presença loura e esvoaçante contrastava com a da atraente Claire Sidon, com seus cabelos escuros perfeitamente montados.

A crítica especializada apontou o acerto da adaptação de Schwob e Morand, que teriam preservado a essência de *Hamlet*, apesar da redução da quantidade de cenários – "caso tivessem optado pela integralidade da obra ainda estaríamos na Praça do Châtelet",[65] escreveu uma novata Marcelle Tinayre para o *La Fronde* – e da opção pelos diálogos alheios a qualquer tipo de métrica e de rima. O *Hamlet*, da dupla de autores, distanciava-se do estereótipo do alucinado que via coisas e conversava com fantasmas para aproximá-lo de um tipo angustiado, atordoado por dilemas tipicamente românticos.

Todos foram unânimes na exaltação do talento de Sarah, que levou ao palco um príncipe esguio, de aparência jovem, que correspondia perfeitamente, como pontuou Henry Fouquier, à representação de Delacroix numa série de gravuras inspiradas em Hamlet.[66] Para Marcelle Tinayre, do *La Fronde*, o príncipe dinamarquês não tinha mais que 20 anos; era, portanto, muito mais próximo daquele imaginado por Delacroix do que o encenado por outra estrela da época, o ator Mounet-Sully. Seu tipo corpulento e ofegante ainda habitava o imaginário de uma parte da plateia, surpresa com a vitalidade do protagonista.

Logo, entre um ato e outro, o tema da aparência do personagem dominou as conversas nas galerias, até que Catulle Abraham Mendès tomou as considerações de outro espectador, o escritor Georges Vanor, apegado à representação de Mounet-Sully, como uma crítica pessoal à sua amiga. A áspera discussão acerca do tipo físico do personagem – há quem diga que tivesse sobrado safanões ali mesmo na galeria[67] – só se encerrou com um "civilizado" convite para um duelo, tradição francesa, em alta na Belle Époque, que remontava aos códigos de cavalaria e que dizia muito sobre o espírito do tempo.

Naqueles últimos anos do século XIX na França, a aparência e a galanteria, forma de sociabilidade tipicamente aristocrática que resistiu ao advento da Terceira República, eram extremamente valorizadas. Não havia nada mais sagrado que a honra – quando se falava dos cidadãos homens das elites, obviamente – e sua defesa incondicional era algo admirável, especialmente entre as mulheres. Depois que Marcel Proust duelou, a bala, com um detrator, em 1897, no Bois de Meudon, o escritor recebeu de uma admiradora um bilhete, que não deixa dúvidas da péssima pontaria dos dois combatentes. "Eu te saúdo porque você foi muito corajoso e voltou para nós são e salvo desta aventura. Gostaria que o monstro tivesse sofrido algum dano, mas já é muito bom tê-lo atacado, no meio da covardia universal que até agora permitiu a impunidade deste rufião".[68]

Os mais geniais literatos da época – de Victor Hugo a Alexandre Dumas – trocaram em algum momento a pena pela espada ou o revólver para resolver discussões banais. Somente entre 1880 e 1889 foram registrados 594 duelos.[69] Havia todo um protocolo a ser seguido depois da escolha do local. Nomeou-se testemunhas dos dois lados, escolheu-se a arma, revólver ou espada, e convidou-se um médico. Georges Clemenceau, que viria a ser eleito primeiro-ministro francês em dois momentos no século XX, foi um dos recordistas das disputas, tendo participado de 12 e testemunhado outras 35.[70]

No caso do conflito entre Catulle Mendès e Vanor, optou-se pelo florete. Catulle Mendès confiava na experiência – foram sete combates entre 1880 e 1889[71] – para superar a juventude do adversário 24 anos mais moço. O duelo teve lugar no salão de baile do Moulin Rouge – não o de Montmartre, mas o homônimo, à beira do Rio Sena, na Ilha de Grande Jatte –, às dez. Na manhã de 23 de maio de 1899, três dias depois do entrevero no Teatro Sarah Bernhardt, madame Catulle Mendés deixou o filho de 3 anos, que já ostentava uma cabeleira digna do pai, aos cuidados da ama e seguiu com o marido.

Ela aguardou na carruagem *coupé* de quatro rodas a algumas dezenas de metros do restaurante. Não se pode afirmar se, aos votos de boa sorte na despedida entre os dois, seguiu-se o vocativo "seu desgraçado" – "você tem um filho pequeno em casa, estamos casados não tem nem dois anos e você vai fazer isso comigo" – ou "meu amor" – "quem esse desgraçado pensa que é, acabe com ele". Na manhã de primavera, a paisagem bucólica se apresentou bem diferente daquele vibrante domingo retratado um dia pelo pontilista Georges Seurat. A enorme apreensão dos minutos solitários na carruagem, enquanto mirava a imponência dos salgueiros, certamente a impediram de refletir sobre a generosidade com que a vida a brindara desde o seu retorno a Paris, em meados dos anos 1890. Já cruzava a cidade de um teatro a outro, de um salão literário a outro, de uma redação a outra, indiferente à onipresença da torre de aço espetada no Campo de Marte.

Ela própria constituía-se como uma proeminente atração da Belle Époque parisiense; aparecia ao lado do marido nas charges que retratavam as *premières*, sem esconder a vaidade. O que realmente a enchia de orgulho, no entanto, era ler seu nome grafado em negrito, em meio às letras miúdas, assinando seus poemas ou nos índices ao lado de nomes da primeira linha da literatura francesa, como Verlaine e Mallarmé.[72] Não tinha um par de meses que seus versos haviam aparecido novamente na consagrada *La Revue Blanche*,[73] não mais assinados com o pseudônimo; pela primeira vez com o sobrenome de casada, uma realização que nem nos mais acalentados dos sonhos poderia ter um dia ousado imaginar.

Naquele momento, no entanto, seus pensamentos estavam com o marido a manejar a espada pontiaguda, como se estivesse abrindo e fechando um leque, enquanto resistia às investidas do desafiante.[74] Como fizera dez anos antes contra Ernest Leblanc, diretor do tradicional *Gil Blàs*, Abraham procurou atingir o adversário no rosto, na disputa arbitrada por uma das testemunhas levadas por Abraham, o esgrimista e jornalista Adolphe Tavernier. Se naquela ocasião lograra atingir o adversário na bochecha e no lábio, desta vez o resultado foi bem diferente. Para Jane, os minutos pareceram uma eternidade até que chega a notícia de que o duelo estava encerrado. Catulle Mendès tinha sofrido um ferimento avaliado como leve pelo médico presente.

Depois de cumprimentar o oponente pelo desempenho, ele saiu para fumar um cigarro no jardim. O suspiro aliviado de Jane durou pouco, quase nada, pois, no caminho entre o *coupé* e o Moulin Rouge avistou o corpo do marido estirado, em meio à relva, após uma síncope, cercado por outros homens elegantemente vestidos que se esforçavam por reanimá-lo. O médico que tomou seu pulso não expressou grande preocupação, buscou tranquilizar uma Jane ofegante que acelerara o passo para chegar rapidamente ao local. Ela ajoelhou-se ao lado do marido desfalecido e segurou suas mãos. Consciente novamente, ele, então, emotivo, sentou-se e apertou as delas de volta, numa cena descrita pelas testemunhas como "encantadora, capaz de encher de aconchego a alma do poeta".[75] Descobriu-se mais tarde que, apesar da hemorragia interna, o intestino não fora atingido.

O cronista esportivo Maurice Leudet, diretor do *Almanaque dos Esportes*, que legou o fino relato deste apreensivo momento na vida de madame Catulle Mendès, encerrou sua cobertura com um pedido encarecido: "Os amigos do poeta o verão logo mais batalhar novamente, pena à mão, pelas ideias que o são caras, e por seu ideal de arte. Desejamos somente que ele jamais desembainhe a espada. Ele já provou sua coragem".[76]

Ao longo do dia, uma intensa peregrinação acorreu à residência dos Catulle Mendès, no número 6 da Rue Boccador, a poucos metros da Avenue Champs-Élysées. Um desfile de consagrados *hommes de lettres*, entre eles o próprio adversário que perpetrara o golpe quase fatal, lamentando tê-lo ferido tão profundamente, e a atriz Sarah Bernhardt. Quando a jornalista Marie-Louise Néron, do *La Fronde*, chegou, deparou-se com Jane trêmula e chorando.[77] A visita era especialmente reconfortante para ela, pois trazia consigo as recentes recordações do período em que fora colaboradora do *La Fronde*, pioneiro diário fundado por Marguerite Durand, produzido exclusivamente por mulheres em todos os seus processos, desde reportagem na rua até a composição gráfica. Seu título pode ser traduzido para o português como "a atiradeira", no sentido de estilingue; em francês, é sinônimo também de revolta, contestação ou insubmissão, e trazia sempre na primeira página a coluna da decana Caroline Rémy de Guebhard, titular da coluna "*Notes d'une frondeuse*" [Notas de uma insubmissa], assinada com o pseudônimo Séverine. Era a consciência crítica do *La Fronde*.

O jornal de madame Marguerite Durand, depois de publicações esporádicas de alguns poemas na *La Revue Blanche*, era o primeiro a oferecer a Jane uma colaboração fixa na fervilhante imprensa parisiense, para um público amplo, e seu nome aparecia, quinzenalmente, sempre acima do título da coluna de Séverine, as admiradas notas de uma insubmissa. Madame Catulle Mendès criou três séries temáticas de textos à moda da época, um tanto quanto soturnos, melancólicos e habitados por mulheres misteriosas e aflitas, exemplares do decadentismo. "Au courant de la vie" [No decorrer da vida] reunia crônicas do cotidiano parisiense; "Petits contes inutiles" [Pequenos contos inúteis], histórias curtas; e "Celles qui sont parties" [Aquelas que partiram], novelas breves de toque fantasioso. Em profundos mergulhos nos fluxos de pensamento das personagens, as angústias e sentimentos transpareciam em descrições fisionômicas que remetiam às criações *art nouveau* de René Lalique. Corpos esbeltos e vestes esvoaçantes se confundiam com elementos da natureza.

Doriane, protagonista da noveleta publicada em outubro, sob a insígnia "Celles qui sont parties", "se assemelhava toda ela a um tronco florescendo",[78] que se elevava até a copa loura no alto da cabeça. Chegado o tempo da poda – já estava na idade de usar chapéu, item obrigatório para uma moça da sociedade –, a volumosa e retorcida cabeleira tornou-se fonte de angústia. O apreço pelas madeixas livres era tão grande que qualquer tipo de intervenção feria a própria natureza de Doriane. Jane reforçava a atmosfera feérica de seus contos ao conferir vida a prédios com janelas que se abriam "grandes como as pupilas que fingem estar límpidas, sem guardar segredo algum"[79] e ao trem que se escutava "respirar em suspiros breves ou longos de acordo com as subidas ou as descidas da via".[80] Aos parques e às praças de Paris, inspiradores refúgios verdes em meio à atmosfera caótica da metrópole, eram permitidos até mesmo sonhar. Se, em determinado dia, o banco servira de ponto para a cronista observar a multitude de tipos – casais de namorados, *mademoiselles* reluzentes, um homem magro e corcunda, outro senhor de cabelo de cor indecisa –, noutro fora o divã em que Jane acomodou-se para escutar um relato "pessoal", apresentado às leitoras em agosto de 1898. Em "Os reflexos que jamais se encontraram", da série "Petits contes inutiles", a colaboradora de *La Fronde* abre com a sentença: "Os Parques têm sonhos como as pessoas".[81]

> Nesta manhã, ao alvorecer, o parque onde passeio, que guarda, em suas sombras recentes, um pouco de mistério, menos inquietante, e empresta ao clarão seguinte, um pouco de alegria, mais refinada, me contou entre os murmúrios de folhas tagarelas, os chilros dos passarinhos e os vagarosos movimentos ritmados das grandes árvores, o sonho que ele teve esta noite e que, estranhamente, assemelha-se ao que nós imaginamos, imaginamos, sempre. E veja só – como se

canta para uma criança que se nina com canção ingênua e fresca – o que o parque, sem mais nem menos, me contou.

Por essa galeria de personagens femininas, conhecemos aquela Paris e o modo particular que a própria Jane se relacionava com a cidade. Madeleine, a quem somos apresentados no dia 19 de abril, tomou uma charrete sem capota e partiu rumo a um "excêntrico bairro populoso de Paris, do qual, tempos atrás, vangloriavam-se de suas vias largas e jardins soberbos".[82] Em contraposição à metrópole em ebulição, com seus primeiros automóveis se deslocando em alta velocidade, dividindo o espaço das avenidas tanto com os cavalos das velhas carruagens quanto com as obras da primeira linha do metrô parisiense, Madeleine seguiu seu passeio num ritmo próprio, indiferente ao som das picaretas dos operários, divagando, procurando desvendar os enigmas que a cidade lançava a cada esquina.

> Esperava que se sentiria feliz de perambular sozinha, ao acaso, por um pequeno canto do mundo, que, por ora, lhe parece grande, onde ela estaria liberta do peso que o calor artificial do quarto havia depositado sobre ela. Era a felicidade prometida que a trazia ao sol como uma criança em suas fascinantes brincadeiras. Agora ainda estava repleta de coisas sombrias. A luminosidade que viu reluzir nas sedas de suas vestimentas não penetrou até sua alma. Imaginou uma caixinha esmaltada, toda incrustada de pedraria, e que brilhava sob as admirações atenciosas; mas o fecho era um segredo, e Madeleine só sabia que continha, em sua escuridão fechada, futilidade e desolação – e queridas [leitoras] – relíquias afanadas. Sentia-se, em seus belos trajes, parecida com a caixinha; quase caiu em lágrimas.

Teria a recordação recente de seus escritos para o *La Fronde* reconfortado Jane enquanto conversava com a antiga colega de redação? Teria sido levada em pensamento aos saraus e coquetéis promovidos por madame Durand no salão do térreo do edifício na Rue Saint George? Jane, tal qual uma relações públicas, tinha a incumbência de convidar as atrizes das companhias teatrais para ler poemas e outros textos curtos. Numa dessas noitadas, Cora Laparcerie declamou o seu "Trois sonnets de bois" [Três sonetos do bosque], um daqueles publicados sob o pseudônimo Claire Sidon, na *La Revue Blanche*. Foram meses intensos e determinantes para fortalecê-la como autora, e havia pouco que escrevera uma carta de despedida, endereçada a Marguerite – a quem Jane sempre se referia por "querida amiga e diretora" – e à secretária de redação, madame Fournier. Sem grandes explicações quanto ao motivo, madame Catulle Mendès escreveu: "Transmita meus lamentos e verdadeiro pesar por deixar *La Fronde*, que foi por um ano deveras hospitaleiro. Mas tenho a vos dizer eu mesma e exprimir toda a minha grande simpatia e as mais deliciosas recordações que guardarei de minha passagem por vossa casa".[83]

Jane retomou a conversa com a colega do *La Fronde* para atualizar o estado de saúde de seu marido, mas logo foi interrompida pela chegada do pequeno Primice, descrito por Marie-Louise Néron como "um querubim louro, de longas madeixas encaracoladas".[84] Ao filho, ela dedicara a última crônica publicada no jornal, seis meses antes do fatídico duelo. "A alma dos brinquedinhos" descrevia a ternura de uma cena doméstica – o pai "todo orgulhoso de vossa pequena mão em sua mão forte"[85] – sem perder o espírito decadentista. Depois de serem surpreendidos no jardim interno por uma chuva inesperada, o filho e a babá correram para se proteger, deixando para trás os delicados brinquedinhos, situação comparada a um "lamentável crime monstruoso": o boneco de bruços e braços abertos com sua fraldinha já encardida como se fosse um morto, sob um carrinho de mão vazio e ao lado de animais de patas quebradas, um fantoche, um violãozinho desafinado e uma caixinha de madeira que se assemelhava a um pequeno caixão de órfão. Instigada pela epifania, Jane refletiu sobre a alma daqueles brinquedos, "sob o insuficiente sudário frágil de folhas mortas, entre as múltiplas e charmosas ladainhas de agonias outonais".

As leitoras de *La Fronde* ficaram sabendo que a saúde de Catulle Abraham Mendès estava, enfim, restabelecida quando o jornal noticiou discretamente, quase três semanas depois do duelo, o retorno do casal à agitada rotina de *premières* teatrais.[86] Aquele, até onde se sabe, foi o último combate que ele participou, mas não o derradeiro apuro de uma vida regada a absinto e vinho Mariani, bebida à base de folhas de coca boliviana que teria inspirado a fórmula da Coca-Cola e que fazia um enorme sucesso entre escritores, jornalistas e demais literatos.[87]

• • •

Para a repórter Marie-Louise Néron, que estava ali diante da ex-colega de *La Fronde*, e para muitas outras mulheres do *grand monde* parisiense, o jornal foi uma escola não apenas do fazer jornalístico, como também de um feminismo particular, defendido e praticado por Marguerite Durand, uma ex-atriz da Comédie-Française, que largara a carreira promissora nos palcos para se casar com um advogado ligado a um grupo político influente na Terceira República francesa. A beleza e a vaidade feminina, argumentava a insubmissa-mor, deviam servir de instrumentos na conquista de direitos. O feminismo, ao abdicar da *cocoterie* e recorrer a métodos violentos como os das sufragistas inglesas, tornava-se menos palatável para as elites. Perdia, assim, a chance de angariar adeptas entre as senhoras da sociedade.[88]

Marguerite Durand, ao olhar para a própria trajetória, anos mais tarde, afirmou que o movimento feminista na França devia muito aos seus cabelos louros.[89] E ela não parecia estar só exagerando. Pautada por aquele feminismo à parisiense, que se valia do charme para passar sua mensagem, a experiência radical da insubmissa encorajou e conferiu visibilidade a um grupo de talentosas mulheres que poderiam ter passado despercebidas, caso não tivessem frequentado a redação da Rue Saint George.

Impulsionada pela curiosidade e por inúmeras matérias publicadas a respeito da experiência inovadora de madame Durand, a tiragem chegou a bater, naquele início, a marca de duzentos mil exemplares.[90] Ao restringir a presença masculina na redação de *La Fronde*, coube às mulheres ir a campo para apurar as matérias factuais do dia a dia, as notícias culturais, econômicas, esportivas e econômicas, o que impôs uma pequena revolução nos costumes. Até então, os acessos de mulheres à Bolsa de Valores de Paris e ao Parlamento eram restritos.

Valendo-se de seu prestígio, Marguerite Durand abriu as portas para muitas mulheres hoje tidas como pioneiras do jornalismo na França e projetou nomes importantes das letras francesas. Antes da publicação de seu primeiro livro, usando o pseudônimo Eddy, Colette assinou a coluna "En Zig Zag", de crônicas sobre o *grand monde* parisiense.[91] Os contos do livro de estreia de Myriam Harry,* autora que se sagraria vencedora da primeira edição do prêmio La Vie Heureuse, predecessor do Femina, foram publicados primeiramente no *La Fronde*. Marcelle Tinayre,** que causaria polêmica ao abordar questões como o aborto e outros direitos das mulheres em seu romance de 1905, *La rebelle* [A rebelde], antecipou em suas colaborações para o *La Fronde* o estilo combativo em uma série de contos nos quais conferia uma voz literária à crítica de Marguerite ao Código Civil napoleônico.

A legislação francesa – em vigor sem grandes mudanças ao longo de todo o século XIX e modelo para inúmeros países,

---

* Publicou uma série de contos na primeira página entre 1897 e 1900.

** Publicou ativamente crônicas, novelas, contos e críticas teatrais entre 1898 e 1900.

entre eles o Brasil – seria, segundo Marguerite, a principal fonte da opressão contra a mulher no crepúsculo do século XIX.[92] Pelo artigo 213 do Código de Napoleão, uma vez casada, a mulher devia obediência ao marido e aceitava a submissão imposta pelo Estado; perante a lei, o status legal da mulher era equivalente ao de uma criança, ou seja, incapaz. Por isso, não tinham ingerência sobre a criação dos filhos nem sobre os rendimentos, ainda que fossem conquistados com seu próprio trabalho. Apesar do sucesso inicial, *La Fronde* só conseguiu sustentar o formato diário por seis anos, tempo suficiente para plantar sementes e deixar marcas profundas na sociedade francesa.*

A saída de Jane do *La Fronde* certamente não foi por exigência do marido, que viria a declarar publicamente a admiração pelo talento literário da própria mulher e que conquistaria a simpatia das feministas ao aprovar a admissibilidade, em 1901, durante sua gestão à frente da Associação de Críticos Dramáticos, das candidaturas de mulheres.[93] É possível que a disputa pela guarda dos três filhos do primeiro casamento, descrita anteriormente, e que se desenrolava nos anos iniciais do século XX no Tribunal de Châteauroux, possa ter exercido influência sobre a decisão, mas adentraríamos aqui o terreno da especulação.

Cinco mil escritoras, nenhuma na Academia Francesa

A publicação, no fim de 1904, de seu livro de estreia, *Les charmes* [As graças], saudado com entusiasmo pela crítica literária, marcou o retorno de Jane aos holofotes. *Les charmes* se divide em três partes, com poemas que são como capítulos

---

* A mais evidente delas nos dias de hoje está na Biblioteca Marguerite Durand, criada por sua patrona para abrigar seu acervo de livros, documentos e cartas, doado em vida à prefeitura de Paris pela fundadora do jornal. Depois de cinco décadas funcionando no imponente prédio da prefeitura do 5º *arrondissement*, em 1989 foi inaugurado um edifício moderno para abrigá-la.

Bibliothèque Marguerite Durand

A filha de Célestin Marie Mette e Eugénie Sara Mayer nasceu em 16 de março de 1867, em Paris, e foi batizada Jeanne Mette. A versão anglicizada do nome com o qual se consagraria só seria adotada depois do casamento com Catulle Abraham Mendès, visto abaixo ao lado do único filho que tiveram juntos, Jean Primice, no alvorecer do século XX.

Reprodução

Wikimedia

O filho de madame Catulle Mendès tinha como meias-irmãs as meninas retratadas por Renoir, em volta do piano, em 1888. Eram três das filhas que Abraham tivera num relacionamento anterior. A madrinha de Jean Primice era a maior atriz francesa, Sarah Bernhardt, que, em 1899, encarnou o personagem shakespeariano *Hamlet*, um marco na história da crônica teatral parisiense da Belle Époque, em montagem com cartaz de Alphonse Mucha (abaixo).

Coleção Rachel Mesch

Wikimedia

Wikimedia

Cartaz da artista C. H. Dufau para o *La Fronde*, jornal inovador que empregava mão de obra exclusivamente feminina e que ofereceu a primeira colaboração fixa a madame Catulle Mendès em 1898.

Bibliothèque Marguerite Durand

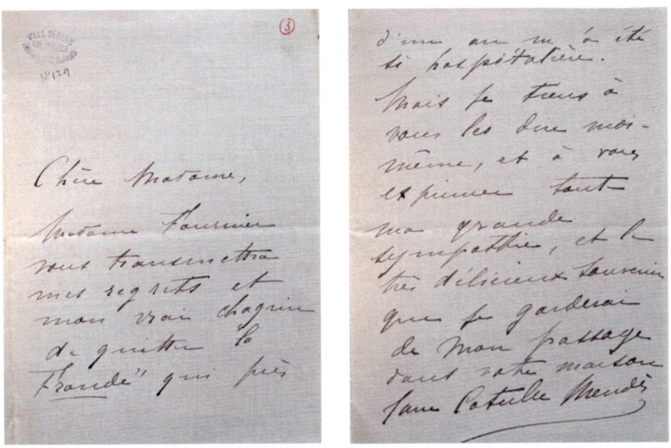

Chère Madame,

Madame Fournier vous transmettra mes regrets et mon vrai chagrin de quitter la "Fronde" qui près d'un an m'a été si hospitalière.

Mais je tiens à vous les dire moi-même, et à vous exprimer toute ma grande sympathie, et le très délicieux souvenir que je garderai de mon passage dans votre maison.

Jane Catulle Mendès

Carta de demissão endereçada a Marguerite Durand, diretora e idealizadora do periódico, em que agradece a "hospitalidade" e as "deliciosas recordações".

Trencadis, Femina

O retorno de madame Catulle Mendès às páginas foi saudado pela revista de comportamento *La Vie Heureuse*. Sua presença nas estreias teatrais ao lado do marido foi registrada por artistas como René Lelong (acima).

Biblioteca Nacional da França

UNE CRITIQUE THÉATRALE DE MADAME CATULLE MENDÈS

Il est curieux qu'une femme, par cela même qu'elle est femme, c'est-à-dire douée d'extrêmes facultés assimilatrices, puisse s'improviser critique, et il est encore plus surprenant qu'elle réussisse dans cet essai hâtif, qu'on jugerait téméraire si un homme l'avait entrepris. Tel est le cas de Mme Catulle Mendès. Son mari était souffrant, le compte rendu de deux importantes premières allait faire défaut au Journal. *Mme Catulle Mendès a sauvé la situation. Elle a écrit d'une plume avisée les analyses attendues, et elle a prouvé une fois de plus que la femme d'un homme de lettres peut être à l'occasion la meilleure collaboratrice de son mari.*

Les femmes, peu créatrices à ce que prétendent les philosophes, dont c'est le métier d'avoir raison, sont au moins douées de la faculté de comprendre merveilleusement la pensée d'autrui. Présentez-leur un livre, une œuvre d'art, un drame ou une comédie, elles sauront découvrir ce que l'écrivain ou l'artiste a voulu exprimer, elles le suivront jusque dans ses plus subtils sous-entendus. Au théâtre, il est bien connu que les femmes sont un meilleur public que les hommes. Ecoutez une spectatrice parler d'une récente première, elle vous en donnera souvent la plus exacte des impressions. Mme Catulle Mendès a subtilement analysé tout ce qui fait la grandeur d'un talent où l'esprit jette un voile agréable sur la sévérité d'une observation implacable à force de justesse. Ecoutez-la comparer le *Duel* au *Marquis de Priola*, au *Prince d'Aurec* : « Il y a, sous le même sourire, sous la même façade vermoulue, la même rigueur, la même douleur humaine, accablée de fatalité. » Et ce mot de fatalité, M. Henri Lavedan aurait sans doute peine à l'admettre, si Mme Catulle Mendès ne montrait, qu'elle a senti tout ce qu'il manque d'assuré et de fort à l'abbé Daniel, qui n'a plus « l'antique foi faite de naïve humilité, mais la foi actuelle tarée par l'amour de la beauté, par la transposition profane du rêve en une forme harmonieuse... ».

Mme Catulle Mendès

Qui vient d'écrire à la place de son mari souffrant la critique de quelques premières

Acima a charge de Daniel de Losques e logo abaixo a de Sem.

Fundação Biblioteca Nacional

O PAIZ — QUARTA-FEIRA, 20 DE SETEMBRO DE 1911

VIDA SOCIAL

Festas.

Recepções.

Concertos.

Conferencias.

Viajantes.

Mme. CATULLE MENDÈS

Bodas de prata.

Acervo do autor

Madame Catulle Mendès inspirou os estúdios mais concorridos da Belle Époque, como o de Chéri Rousseau, autor do retrato que ganhou o mundo, como se pode ver na reprodução da página do jornal brasileiro *O Paiz*.

Retrato em pastel feito por Gustave Brisgand e publicado em *Muses d'aujourd'hui* (1910), que apresentava o perfil de onze escritoras contemporâneas, entre elas Jane Catulle Mendès. Abaixo, folha de rosto de *Chez soi*, publicado pela Sansot em 1911.

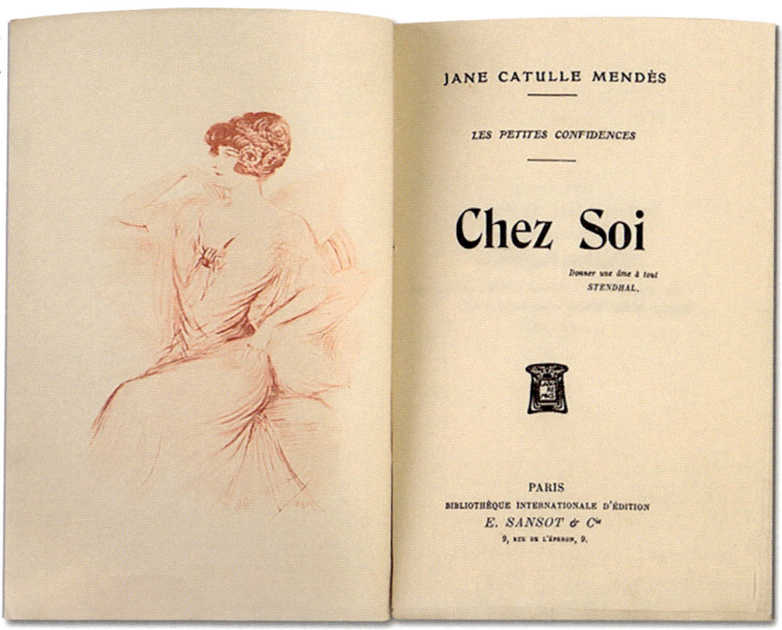

JANE CATULLE MENDÈS

LES PETITES CONFIDENCES

Chez Soi

Donner une âme à tout
STENDHAL.

PARIS
BIBLIOTHÈQUE INTERNATIONALE D'ÉDITION
E. SANSOT & Cie
9, RUE DE L'ÉPERON, 9.

"A marcha para a Academia": a revista *Femina* lançou, em 1909, campanha em prol da mulher na Academia Francesa de Letras e inclui sua crítica teatral, Jane Catulle Mendès, na engenhosa fotomontagem.

De Paris para o Rio, em 1911, a marcha de mulheres, lideradas por Leolinda Daltro, pelas ruas do Catete, para celebrar a criação do Partido Republicano Feminino, que tinha como oradora oficial a poeta Gilka Machado.

de um romance. A primeira narra a espera inquieta pelo amor prometido; a segunda, a tão aguardada chegada, que se torna fonte ao mesmo tempo de êxtase e angústia; e, a última, a percepção dos limites da felicidade terrena. Assim como nas crônicas de *La Fronde*, seguiam vivos em sua literatura elementos contrastantes como a sombra e a luz, a felicidade e a dor, a realçar a angústia decadentista.

Albert Flament, estrela do jornalismo literário francês, por quem Marcel Proust nutria sentimentos de ódio e admiração, foi generoso ao reproduzir por mais de uma vez, na coluna "La vie qui passe: Le carnet des heures" [A vida que passa: caderno das horas], sob o pseudônimo Martin Gale, algumas estrofes de *Les charmes*, sempre acompanhado por elogios. "Amamos os versos de madame Catulle Mendès que com seu *Les charmes* nos presenteia a cada dia com uma nova beleza".[94] Outros, como um iniciante Henri Barbusse, genro do marido de Jane, classificaram o livro como "a força de uma grande sinfonia sentimental e apaixonada".[95]

> A personalidade de Madame Catulle Mendès se afirma em todos os lugares e nunca é desmentida em canto algum. Vemos isso através de seus poemas, hieratizados por uma atitude em que a Beleza voluntária, unida à natural beleza, jamais chega a encobrir a eterna inquietação, a ausência de serenidade que faz o doloroso privilégio dos melhores e dos mais fortes [poetas].

Les charmes evidenciava o talento de Jane Catulle Mendès e a credenciou, mesmo tendo apenas um único livro escrito, a figurar nas páginas da *Anthologie des poètes français contemporains* [Antologia de poetas franceses contemporâneos] ao lado dos maiores nomes da poesia da França no século XIX. A escritora estava longe de ser apenas um rosto bonito e célebre; com uma surpreendente voz poética, angariou uma legião de leitoras que se inspiravam nas suas palavras e nos seus modos pouco convencionais para a época. Jane era célebre tanto por sua obra e suas opiniões – participou de enquetes sobre temas tão diversos quanto o boxe e os duelos – quanto pela imagem.

Alimentou a imaginação de cartunistas, artistas, fotógrafos e demais cronistas da vida parisiense. Era, ao lado do marido, o centro das atenções do registro feito por René Lelong numa noite na Comédie-Française, que ilustrava a espirituosa crônica de Albert Flament. Ela segurava um leque sob o olhar gentil de Catulle Abraham Mendès. O vestido de gala em tom champanhe, acinturado, de manga bufante, decotado nas costas, deixava o ombro à mostra, como estava em voga na época. O contraste da bela ao lado do veterano de aparência histriônica era um prato de *haute cuisine* para a fervilhante imprensa da Belle Époque. "A entrada de *monsieur* e de madame Catulle Mendès é sempre marcante. A aparência em geral, aflita e suave da poeta que é madame Mendès, seus grandes olhos negros, a palidez acentuada de sua pele, os lábios vermelhos e seu penteado nas noites de espetáculo, chamam a atenção", pincelou Flament, para em seguida focar no magnetismo causado pelas palavras do marido de Jane, capazes de reunir "em torno de si numerosa audiência".[96]

As caricaturas que acompanhavam o restante do texto publicado pela revista *Femina* exibiam outras celebridades da época, entre elas Colette. Georges Goursat, famoso pelo codinome Sem, que retratou as mais palpitantes figuras do *grand monde* em seu *Album vert* [Álbum verde], imortalizou o casal conferindo-lhe um aspecto vampiresco. Os fotógrafos optaram por um caminho mais parecido com o do caricaturista, que retratou fantasiosamente a personagem por trás da mulher, do que com o de Lelong, mais fiel à realidade.

Os ateliês de fotografia, campos férteis para a imaginação, assemelhavam-se a um gabinete de curiosidades com fundos infinitos pintados, tapeçarias e cortinas, jarros e colunas, banquetas e escrivaninhas. Era preciso estar preparado para atender a uma clientela diversa e exigente, que podia incluir de atores a membros da realeza. Em frente ao prédio da Cartier, e no mesmo da loja dos cronômetros e relógios Breguet, na Rue de la Paix, endereço mais badalado de Paris da Belle Époque, o Boissonnas et Taponier foi o estúdio escolhido pela família real brasileira para fazer as fotos para uma árvore genealógica da qual consta um dos últimos registros da princesa Isabel.* Ela optou por se sentar na réplica de um banco de praça, apesar de haver um concorrido trono entalhado em madeira. De espaldar altíssimo, assento largo, com gárgulas na ponta de cada um dos braços, o mobiliário foi utilizado tanto pelo cardeal da abadia de Notre-Dame d'Igny, em seus paramentos litúrgicos, e pelo rei Nicolau I de Montenegro, em seus trajes típicos dos Balcãs, quanto pela autora de *Les charmes*. A poeta, de cabelos presos num enorme coque, mira o espectador com olhar fulminante, queixo apoiado na mão direita, ao lado de uma pilha de livros; é como a personificação de uma das esfíngicas personagens dos textos de suas crônicas para o *La Fronde*.**

Havia, em Paris, uma enorme demanda para o trabalho dos fotógrafos, pois as imagens produzidas dos cavalheiros e senhoras da alta sociedade eram utilizadas em cartões de visita ilustrados, uma febre. O escritor Marcel Proust recorreu a Otto Wegener, na Praça Madeleine, para fazer o seu. Havia em seu acervo um canapé de dois lugares utilizado por Jane para apoiar o seu braço direito e posar exibindo a cintura

* Há raríssimos e interessantes registros dos herdeiros da Família Imperial brasileira no fundo Boissonas et Taponier, mantido pela agência de imagens francesa Photo 12.

** Até 2018, a agência de imagens francesa acreditava que a madame Catulle Mendès seria Judith Gautier, a primeira mulher de Abraham. Ao perceberem o equívoco, a retiraram do ar e só a disponibilizaram seis anos mais tarde, depois da minha mensagem informando se tratar de Jane, agora identificada por seu nome de solteira.

espremida no *corselet* do vestido de seda incrustado de pedraria, sob o coque indefectível. Essa imagem de aspecto igualmente feérico foi reproduzida, em 1905, pela revista *Femina*,[97] por ocasião da publicação da resenha de *Les charmes*, e depois pela *La Vie Heureuse*,[98] numa matéria sobre o dia em que Jane, a pedido do marido enfermo, escreveu a crítica de uma peça em seu lugar para o *Le Journal*. O repertório e a sensibilidade das ponderações de Jane no artigo para o jornal despertaram a atenção dos leitores, especialmente do editor de *La Presse*, que viria a convidá-la, no fim daquele ano, para assumir a sessão de críticas teatrais.

Sua contratação foi saudada na capa da edição de 6 de novembro como "um acontecimento parisiense".[99] Na nota sobre a chegada da nova colaboradora de um dos mais tradicionais jornais franceses, fundado em 1833, ressaltavam-se "as brilhantes qualidades de escritora e a originalidade do espírito da autora de *Les charmes*". "A crítica dramática de *La Presse*, com madame Catulle Mendès, emanará diretamente da Musa". Só faltou o *oh là-là*.

Se o clique de Otto Wegener contribuiu para o triunfal retorno de Jane às páginas dos jornais, o de Chéri-Rousseau, que atendia a poucos metros de distância da Avenue Champs-Élysées, consolidou a imagem da diva decadentista. Agora ela surgia de pé, com figurino e penteado semelhantes ao das fotos de Otto e de Fred Boissonnas, segurando um colar de pérolas de muitas voltas, olhar mais meigo, mas não menos enigmático que os anteriores. No espocar abafado do antigo flash de magnésio, a cegueira momentânea teria despertado na modelo as recordações de Doriane, a personagem apresentada por Jane numa das crônicas de *La Fronde*? Cativa de seu próprio cabelo, Doriane escandalizou a sociedade ao se recusar a pentear os fios para usar chapéu. "Ter seus cabelos retorcidos e comportados era para Doriane uma angústia, quase uma dor. Parecia a inquietação triste de um pássaro cujas asas foram amarradas, e também o embaraço pudico de uma virgem seminua".[100] Obrigada a se submeter a convenções sociais contra as quais era inútil lutar, que ditavam como a mulher devia se portar, a jovem teve um fim trágico. "De qual obsessão foi ela vítima, de qual possessão foi ela condenada? Ninguém jamais saberá. Mas não consigo pensar sem uma impressão de ternura e um *frisson* de terror, a criança que conheci, fina e pura, que viveu sob o poder ciumento de seus cabelos sombrios".

Ou teria o odor característico do flash de magnésio dissipando-se numa fumaça breve a transportado para um vagão de trem onde um dia encontrou Nelly? A viajante do conto "Previdente" deparou-se com um jovem cujo olhar a faz divagar sobre a forma como sua própria imagem será lembrada no futuro. "De todos os reflexos que ela admirou em tantos espelhos da vida, em tão demoradas poses [...] quando tudo daquilo que foi sua juventude e sua beleza terá desaparecido, quem sabe se um clarão não persistirá, nítida recordação infantil entre tantas outras recordações do homem que será quela criança",[101] refletiu, num intrincado jogo com os tempos verbais.

O registro de Chéri-Rousseau em seu estúdio rodaria o mundo acompanhando as turnês de conferências da poeta e crítica teatral, sendo publicada por jornais do Rio de Janeiro, Buenos Aires, Madri e Nova York. Acabou por reforçar a imagem da diva em vez da erudita literata, como se fosse inviável aqueles dois predicados pertencerem a uma mesma mulher.

Em meio ao turbilhão de compromissos sociais e afazeres literários, Jane aceitou o convite para integrar o júri da primeira edição do prêmio La Vie Heureuse,[102] idealizado pela revista homônima, precursora de *Marie Claire* e de outras publicações sobre comportamento feminino. A iniciativa foi uma resposta ao então recém-fundado Prêmio Goncourt, acusado de misoginia ao preterir *La Conquête de Jérusalem* [A conquista de Jerusalém], de Myriam Harry.[103] Em contraponto ao Goncourt, a banca de juradas do La Vie Heureuse contava somente com escritoras mulheres, o que colocou Jane novamente em contato com um elenco engajado de *femmes de lettres*, conhecido da autora de *Les charmes* desde os tempos de *La Fronde*. Além de Jane, Séverine, Marcelle Tinayre e outras dezenove mulheres decidiram pela escolha do livro de Myriam Harry, que ficou com a premiação em dinheiro de cinco mil francos, o mesmo valor pago pelo prêmio misógino.

Madame Catulle Mendès seguiu na banca por mais duas edições do La Vie Heureuse, comparecendo às reuniões deliberativas, realizadas na casa de uma das integrantes, e das frequentes *soirées* promovidas no Palácio do Eliseu. É possível que tenha saído quando foi contratada pela concorrente *Femina* para assumir a coluna de críticas teatrais "O que dizem as peças". Nessa ocasião, *Femina* já se encontrava instalada na Champs-Élysées, num prédio com um teatro no térreo. O L'Oeuvre passava a atender pelo nome da publicação de Pierre Lafitte, magnata da imprensa que comandava também *Je Sais Tous, La Vie au grand air* e ainda fundaria o jornal *Excelsior.* Jane estava na revista que marcou época ao exibir em capas icônicas mulheres empoderadas exercendo atividades pouco habituais para as da época. No universo de *Femina*, elas escalavam picos nevados, limpavam altas chaminés fabris, praticavam esgrima, atuavam nos tribunais como advogadas, dirigiam automóveis, pilotavam avião e escreviam livros em seus escritórios. Tais imagens dividiam espaço com croquis das últimas modas e a cobertura dos casamentos mais badalados da sociedade europeia. Havia uma significativa quantidade de nações ainda monárquicas com suas cortes. A rainha Elizabeth, da Romênia, era uma das figuras preferidas da publicação, pois também exercia a atividade de escritora usando o pseudônimo Carmen Silva.[104]

Femina primou por estabelecer um permanente diálogo com as leitoras, incentivadas a participar de concursos e enquetes por meio de cartas à redação. Certa feita, valendo-se do argumento de *Triplepatte*, bem-sucedida comédia em cinco atos do dramaturgo Tristan Bernard, perguntaram às leitoras se elas teriam coragem de dizer não ao padre se descobrissem que o noivo a enganavam.[105] Das 8.847 respostas recebidas, 5.043 responderam afirmativamente com a justificativa: "mais vale o escândalo de um instante do que a tristeza de toda uma vida".

Nas críticas teatrais assinadas por Jane, também valorizava-se a cumplicidade, com a constante utilização do vocativo "queridas leitoras" e longas divagações introdutórias. "Sem dúvida, cada alma feminina tem misteriosos julgamentos em relação à alma de sua irmã; mas, por vezes, não nos permitimos nos conhecer, não nos entendemos ou entendemo-nos mal, não nos emocionamos, prendemo-nos umas às outras por questões estranhas, sem ligação secreta, sem um acordo para conversar juntas", escreveu numa coluna sobre a importância de se fomentar o teatro infantil, até então incipiente. "Nós teremos a alegria de entabular toda discussão, e de melhor abordar e de melhor conhecer, deste modo, o espírito e o coração atenciosos das mulheres de nossa geração. De vós também, doces avós, plenas de recordações; de vós também, límpidas moças, plenas de esperanças."[106]

As leitoras de *Femina* testemunharam os primeiros passos de Jane Catulle Mendès na atividade que a levaria ao Rio de Janeiro três anos mais tarde. Em janeiro de 1908, depois de uma visita a Veneza na companhia do marido, a poeta subiu ao palco do teatro de Pierre Lafitte na Champs-Élysées para discorrer sobre a relação da cidade italiana com os poetas modernos, numa das primeiras conferências promovidas pela revista. Os ingressos para aquela "emocionante hora de arte que *Femina* tem o orgulho de oferecer a seu público deveras refinado" custavam entre dois e quatro francos.[107] Era a oportunidade de assistir à oradora de voz meiga e a renomadas atrizes – escaladas para recitar poemas de Victor Hugo,

Alfred de Musset, George Sand, Théophile Gautier, entre outros, além de um poema inédito da própria conferencista.

O sucesso das primeiras palestras promovidas inspirou uma temporada de 24 conferências, sempre nas tardes de quintas-feiras, batizada *Quintas Femina*. As leitoras podiam adquirir antecipadamente um talão para todos os compromissos ou para metade deles. Jane foi escalada para a estreia com uma fala sobre as danças, novamente acompanhada de um elenco que demonstraria os passos dos ritmos em voga nos salões parisienses.[108] Faziam sucesso, além de valsas, o *cakewalk*, de origem afro-americana, o maxixe e o tango.

Femina desfraldou, depois de *La Fronde* e *La Vie Heureuse* e de modo bastante próprio, a bandeira da representatividade das mulheres nos meios intelectuais. Se a Société des Gens de Lettres voltara a escolher uma escritora para seus quadros – madame Daniel Lesueur, em 1907 –, as academias do Goncourt e, principalmente, a Francesa de Letras, que contavam respectivamente com dez e quarenta integrantes, seguiam como clubes exclusivos de homens. Ao tratar com frequência da autoria feminina em suas páginas, *Femina* voltava suas baterias contra as duas instituições. A cobrança se dava de forma mais pueril em matérias de comportamento sobre os casais literatos e tantas outras vezes concedendo o gramofone às próprias escritoras em suas colunas fixas ou em entrevistas. Logo nas páginas seguintes à de "O que dizem as peças", de Jane, vinha a de crítica literária assinada pela escritora Lucie Delarue-Mardrus, batizada "A alma dos livros". Também revelada por *La Fronde*, Lucie alcançou notoriedade depois da publicação na imprensa de fotos feitas por seu marido, o tradutor Joseph Charles Mardrus*, em viagens a países exóticos no Oriente Médio.

---

* Alcançou notoriedade com suas traduções para o francês de *As mil e uma noites*.

Lucie conferia um olhar feminino a uma atividade dominada por homens e valorizava a produção literária de suas colegas em oposição aos "adversários", como ela se refere aos escritores no título de sua crônica.

> Se fossem vossas irmãs que falassem nos livros, talvez entenderíeis melhor do que quando fossem homens falando. Resumindo, até agora não foram tantas as mulheres que escreveram sobre o amor, quer dizer, *sinceramente*, expressando o que *elas* sentiram. É que tal confissão requer tamanha audácia. Mas não vamos esperar tanto tempo. Assim como se insurgiram legiões de poetas quando duas ou três se fizeram notáveis, também surgirão nuvens de romancistas ousadas a reboque daquelas, ainda raras, que escreveram romances verdadeiros surgidos de suas sinceridades.[109]

Antes de citar Marcelle Tinayre, Jeanne Marni e Georges de Peyrebrune, todas egressas do diário de Marguerite Durand, como exemplos dessas raras romancistas, Lucie se dirigiu a suas leitoras como se convocasse as tropas para a batalha: "Bobagens à parte, senhoras, é hora de as mulheres contarem as suas próprias histórias (isto é o que elas sabem melhor), para que tenhamos a contrapartida desta pilha de volumes sobre o Amoroso".[110]

A artilharia contra a Academia Francesa de Letras ganhou reforço da editoria de arte de uma das outras publicações de Pierre Lafitte justamente quando havia três cadeiras vagas nos idos de 1907. *Je Sais Tout*, que se apresentava como uma enciclopédia mundial ilustrada, valeu-se de uma fotomontagem artesanal para reunir num salão aristocrático "as mais célebres literatas francesas contemporâneas".[111] Surgiam 32 escritoras, recortadas e coladas uma a uma manualmente e registradas por meio de "processos fotográficos sucessivos", ao lado de pilhas de livros com a quantidade equivalente de obras publicadas até aquele momento. Jane Catulle Mendès, com o seu *Les charmes* a tiracolo, dividia o quadro com elenco diverso – desde madame Jane Dieulafoy, que adquirira o hábito de se vestir de homem para acompanhar o marido na Guerra Franco-Prussiana e em expedições a países muçulmanos, até a recordista Gyp, pseudônimo da condessa de Martel, que se tornou famosa por suas posições abertamente antissemitas e que até aquele momento havia publicado quase uma centena de romances.

A fotomontagem ilustrava uma pensata sobre o cenário da literatura francesa naquele momento, em que os acadêmicos precisavam escolher três novos integrantes, e no futuro, projetando um crescimento exponencial da representatividade. Dali a vinte anos, estimava o artigo, a produção literária feminina compreendida pelos "romances ditos psicológicos, os romances folhetinescos e as coletâneas de poesias" atenderia por 75% do total. O nome de Jane é citado também no texto ao elencar o time de poetas mulheres, que, nesse segmento, já faziam frente ao dos poetas. "O batalhão cerrado de poetisas de valor fez recuar a falange masculina cuja produção, com bem raras exceções, é deveras discreta". Restaria aos homens, segundo o texto, os livros de ciências, história e filosofia. Nenhuma das estatísticas propaladas na matéria de *Je Sais Tout*, a começar por aquela do título "Cinco mil mulheres escritoras",[112] remetia a fontes oficiais, mas, ainda que não se pudesse tomar os dados como um retrato fidedigno da sociedade, a revista convidava leitoras e leitores a refletir sobre a gritante ausência das mulheres na Academia Francesa de Letras, tendo em vista um cenário com cada vez mais autoras atuando. Era "a última cidadela", "à qual um dia uma mulher forçará a entrada"; mas não foi naquele momento, pois as três cadeiras foram preenchidas por homens.

A luta, então, continuou e ganhou novamente as páginas das revistas de Pierre Lafitte, desta vez a de *Femina*. A revista convocou as leitoras a indicar, entre 59 nomes pré-selecionados

– Jane estava entre eles – as quarenta francesas de todos os tempos que integrariam uma hipotética academia de letras exclusivamente feminina. Para ilustrar o anúncio dessa nova enquete, o departamento de arte recorreu mais uma vez a técnicas de montagem artesanal e, em seu photoshop *avant la lettre*, perfilou as candidatas, sob o título: "A marcha à Academia sobre a Ponte das Artes",[113] fazendo referência à estrutura metálica defronte ao prédio onde os imortais se reúnem até hoje. O curto texto, que explicava a dinâmica da votação e da premiação, conferia o senso de relevância do debate.

> É uma palavra que corre no momento através de todas as conversas, não se fala em outra coisa a não ser das *academissíveis*. Não há fumaça sem fogo: o movimento se desenha, está em curso o conclave que se inicia. Note-se que, ao pé da letra, o regulamento da Academia não se opõe à *academização* de mulheres; é somente um costume que as exclui do conclave. Se foi sempre assim na academia, o artigo que publicaremos mais adiante nesta edição nos mostra que antigamente a Academia de Belas Artes foi mais hospitaleira com o nosso sexo. Mas verdadeiramente o número crescente de literatas, e de valor, deveria decidir, Senhores Acadêmicos, de todas as classes, a abolir uma interpretação tão rigorosa.[114]

Com a engenhosa solução visual, *Femina* elevou a temperatura do debate. Enquanto *Le Temps* e *L'Écho de Paris* ainda se questionavam se as mulheres deveriam realmente ingressar na academia, o *La Liberté* abraçou a causa das escritoras e já estava convencido de que, sim, elas estavam mais do que aptas, restava saber quando.[115] O que não se justificava era que tivessem que ter esperado tanto tempo para se tornarem *academissíveis*, afinal, como demonstrava a marcha, somente no século XVII, quase uma dezena de mulheres já praticava a escrita.

O resultado da enquete, publicado em abril, causou mais rebuliço, pois novamente a engenhosidade do departamento de arte colocou as quarenta eleitas nas dependências daquele auditório restrito, como se estivessem sentadas nas cobiçadas cadeiras reservadas a eles.[116] Dos 25 nomes históricos apresentados, cerca de 15 foram eleitos, restando 24 lugares para as vivas. Na fotomontagem, Jane Catulle Mendès é a segunda da esquerda para a direita, na segunda fileira, bem atrás de sua colega de *Femina* Lucie Delarue-Mardrus. *Mademoiselle* Dieulafoy, com seus trajes masculinos, é a oradora daquela sessão imaginária comandada por Jeanne Loiseau, nome por trás do pseudônimo literário Daniel Lesueur, da Société de Gens de Lettres, Juliette Adam, líder do movimento que garantiu às mulheres autonomia sobre os seus próprios rendimentos, e Duquesa de Uzès, bisneta de Barbe-Nicole Ponsardin, a viúva Clicquot.

A dramaturga e escritora Judith Gautier, na terceira fileira, no flanco mais à esquerda, sagraria-se no ano seguinte a primeira jurada mulher do Goncourt.* Parecia até que a pressão tinha surtido efeito, mas não passou de uma conquista momentânea. Judith, com quem Catulle Abraham Mendès fora casado por um curto período nos anos 1860, permaneceu nessa condição única até a sua morte em 1917. Substituída por um homem, as mulheres só voltaram à banca do Goncourt quase três décadas mais tarde com Colette Yver.** A Academia Francesa de Letras, impassível, só elegeria uma mulher – Marguerite Yourcenar – sete décadas mais tarde, em 1980, com atraso até mesmo em relação à congênere brasileira, que três anos antes aclamara Rachel de Queiroz. As francesas foram também uma das últimas na Europa a ter direito ao voto.

---

* Judith foi a primeira mulher de Catulle Abraham Mendès, escolhida como jurada em novembro de 1910.

** Não confundir com Sidonie-Gabrielle Colette, autora de *A vagabunda* e outros romances contestadores.

Premonição

Jane Catulle Mendès era a um só tempo a musa das estreias teatrais, dos estúdios fotográficos, e a talentosa autora de versos pelos quais os críticos literários se derramavam; as mulheres a admiravam pela sua coragem de expressar, sem recorrer a um codinome, desmesurados desejo e emoção. E, no momento em que *Femina* badalava a sua enquete sobre as mulheres na Academia Francesa, uma nova amostra da lavra poética de madame Catulle Mendès estava a caminho das livrarias. Havia enorme expectativa em relação a *Le coeur magnifique* [O coração magnífico], seu segundo livro.

A primeira resenha, publicada em fevereiro no *Le Figaro*, foi animadora. Se no volume anterior os poemas narravam três fases distintas dos sentimentos de uma mulher ao se apaixonar, no novo volume a desilusão dá o tom de parte deles; pelo que avalia o crítico literário Marcel Ballot, "a paixão se revela fugaz e perecível, a beleza se lembrou que ela pode ser dolorosa".[117] A capacidade de sentir as sensações profundamente, até o âmago do ser, a ponto de os lábios palpitarem, a ponto de arder na pele, ainda era um critério tido em alta conta para avaliar a qualidade de um poeta. A lógica racional, quanto mais distante se posicionasse da poesia, melhor, pois, somente na ausência dela, a verdade se revelava. O sucesso de um escritor estava na sua sinceridade, no *frisson* que o "animava".

Em *Le coeur magnifique*, na avaliação do crítico do *Le Figaro*, a poeta atendia a esses quesitos com sobras. O livro apresentava também, naqueles anos de tensões pré-Primeira Guerra, poemas de conotação mais patriótica saudando a França como a "mãe imortal dos meus filhos", outros que dialogavam com grandes mestres como José María de Herédia, parnasiano francês de origem cubana, e reminiscências da própria infância ao imaginar um diálogo com a avó – "Num dia de verão, vim conversar contigo". Marcel Ballot, no entanto, enfatizou em sua resenha os versos sobre a desilusão amorosa, um contraponto aos poemas do livro de estreia. Sai de cena a musa de *Les charmes*, e assume o eu poético de uma mulher que, sozinha, examina a rua pela janela, atormentada pelos próprios pensamentos, incapaz de se reconhecer no espelho, cujos delírios de imaginação se expressam como uma "espécie de galope selvagem, numa tumultuosa e lírica cavalgada".

Tal mudança, a chegada dessa mulher solitária, cujo "coração ferido não terá mais ilusões", refletia o particular momento de vida da própria autora. O casal tantas vezes retratado na imprensa atravessava uma crise, já não eram mais vistos juntos nas estreias teatrais há alguns meses. Publicamente não houve escândalos, mas alguns versos de *Le coeur magnifique* por mim traduzidos – "quem quer que seja, sou eu que tu tens em teus braços/ pois não podemos ser infiéis" e "Tu não te redimirás do mal que me fizestes!" – levam a crer que a briga entre eles foi feia.

> Comprazer-me-ia falar-te, mas, cada frase
> Faz ruminar a palavra ao peito entreaberto
> Comprazer-me-ia que um a um tua alma o atraísse;
> mas esta noite é ela de reles serventia
> Que não reluz o que eu ousaria dizê-lo;
> Franca, a palavra, sinto-a vil de hipocrisia.
>
> Cá estou junto a ti tal qual uma assombração?
> És tu um perito do verbo e tu não me entendes![118]

Casado com Henriette Fouquier,[119] Ballot possivelmente conhecia o casal. Em meio à transcrição dos versos dodecassílabos de Jane, surgem na página do *Le Figaro* constatações que soam mais um consultório sentimental do que uma resenha, como se o crítico literário tivesse tomado as dores dela ou estivesse mandando recados para Abraham. O texto de Ballot prosseguiu num tom que parece misturar a ficção com a realidade. "Ela recuperar-se-á, mas não se recusará, vingativa demais por ter que se contentar com uma felicidade apenas amena e guardando para os dias de apaziguamento distante a memória sagrada do amor primitivo. E agora despertará ela um dia à hora da piedosa evocação que dissipará todo o rancor? Não te parece que enquanto aguarda o irreparável se realiza?".

A vingança mencionada apareceu também na referência que Jane fez ao mito da antiguidade clássica do Polifemo, retratado na Fonte de Médicis, do Jardim de Luxemburgo, um de seus mais diletos refúgios parisienses. Numa das extremidades da extensa fonte retangular, a escultura de bronze do ciclope de um só olho no centro da testa ajoelha-se sobre a rocha com a qual ele esmagará o seu rival, o jovem pastor Ácis. Esse jovem pastor é filho de Fauno com uma ninfa e está retratado em mármore, na iminência de ser obliterado, ao lado de sua amada Galateia, uma das cinquenta filhas de Nereu e Dóris.

> A venerada ninfa, de corpo supremo,
> Se oferece àquele que almejou capturá-lo
> Sem ver que os seios nus, a recender desejo,
> Toca a sombra de Polifemo. [120]

Depois de citar Eros, a quem o crítico do *Le Figaro* classificou como um falso Deus, "Don Juan", que teria sido "desmascarado" num outro poema do novo livro, e de transcrever versos que mencionavam Tristão e Isolda, outra história de amor de fim trágico, Ballot encerrou seu "consultório sentimental" com um arremate que não tardaria a ganhar uma conotação surpreendente.

> Há cicatrizes que jamais se apagam, mesmo a esta hora grave da morte que Madame Catulle Mendès antevê numa elegante e suprema meditação. Portanto, este livro menos entusiasmado, menos espontâneo talvez, mas de uma doce arte, de uma inspiração tão grande quanto *Les charmes*, é um outro poema de amor – não o poema de um outro amor. Tivemos o *Coeur innombrable* [Coração desmedido]: saudemos o *Coeur magnifique* [Coração magnífico] ao qual se poderia dar um tão belo título: o *Coeur unique* [Coração único].[121]

Na noite anterior à publicação da crítica do novo livro de Jane, Abraham tinha ido jantar, como costumava fazer aos domingos, na casa do barão Félix Oppenheim.[122] Falou animadamente sobre a peça que preparava para a atriz Rejane, outra estrela dos palcos, e queixou-se de cansaço antes de se despedir. Conferiu as horas no relógio que tinha tomado emprestado da criada – o seu estava no conserto –, pegou a inseparável bengala e partiu na companhia de um amigo para a Gare de Saint Lazare a tempo de tomar o trem de meia-noite e treze, o último para Saint-Germain-en-Laye. Abraham não tinha como destino o apartamento em que convalescera depois do duelo contra George Vanor, mas adotara como morada permanente, naquele inverno, a propriedade na cidadezinha nos arredores de Paris onde costumava passar o verão. Uma das duas estufas no bucólico jardim, com passarinhos coloridos que voavam livres em seu interior, foi convertida em sala de jantar. Da Gare de Saint-Germain-en-Laye para o bucólico refúgio da Rue Sully, era uma caminhada de não mais que dez minutos. A sopa, que pedira à criada para deixar pronta, o esperava, mas esfriou sem jamais ter sido sorvida.

Quando o ramal voltou a operar pela manhãzinha, um funcionário se deparou com o corpo sem vida de um homem vestido finamente. Logo ao chegar, próximo de uma bengala quebrada ao meio, a autoridade policial reconheceu Catulle Abraham Mendès. Apresentava um profundo traumatismo na cabeça, o ombro deslocado, parte do braço direito e o pé esquerdo decepados. A investigação, depois de tomar depoimentos dos presentes na casa dos Oppenheim e de funcionários da companhia ferroviária, considerou a hipótese de acidente. A baronesa relatara que o amigo estava sóbrio e bem-disposto, mas reclamando de cansaço; outro convidado interrogado mencionou uma questão auditiva e os ferroviários lembraram da topografia peculiar do local do acidente: pouco antes do destino de Catulle Abraham Mendès, a linha férrea cruza o Rio Sena, há um trecho em aclive, seguido de uma curva acentuada à esquerda e dois túneis consecutivos. O corpo foi encontrado dezesseis metros adentro do segundo túnel, a 67 metros de distância da plataforma.

"Neste dia, cinco horas da manhã, encontrado esmagado à extremidade do lado de Paris do túnel de Parterre, via descendente, *monsieur* Catulle Mendès. O corpo foi transportado ao seu domicílio", assim telegrafou a Gare de Saint-Germain-en-Laye à de Paris. A notícia da inesperada tragédia circulou rapidamente por toda Paris, causando enorme comoção.

Os amigos mais íntimos tomaram o trem rumo a Saint-Germain-en-Laye para prestar solidariedade aos familiares, enquanto se resolvia os trâmites do velório e do funeral em Paris; testemunharam a comovente cena de Jane consolando o filho Primice, de 12 anos. Mais que uma figura querida e folclórica, Catulle Abraham era, segundo o *Le Figaro*, em seu obituário,[123] um semideus para os parnasianos. Circulava, também, por todas as correntes artísticas e literárias. Abria-se com generosidade para o novo – teria sido ele um dos primeiros clientes de Auguste Renoir, que viria a pintar quando já estava famoso o retrato de três de suas filhas ao piano na obra-prima que hoje integra o acervo do Metropolitan, de Nova York.

Ao mesmo tempo que escrevera, a convite do Ministério de Instruções Públicas, a *Antologia de poetas franceses contemporâneos* – uma espécie de enciclopédia, publicada em quatro tomos, abarcando autores ativos ao longo de quatro décadas desde 1866, marco inicial do parnasianismo –, era o organizador de *soirées* poéticas em que novatos tinham oportunidade de apresentar suas poesias livremente. Um desses calouros, que se tornaria imensamente grato a Catulle Mendès – foi a Saint-Germain-en-Laye prestar suas condolências em meio à velha guarda – era um ainda desconhecido Jean Cocteau, no vigor dos 20 anos.

Os jornais do dia seguinte, noticiando a morte, dedicaram capas inteiras, páginas e páginas, à memória daquele que era tido como um mestre. O *Comoedia* não deixou de notar o timing e o teor da resenha de *Le coeur magnifique*, aos quais classificou como "premonição".[124] "No mesmo momento que se descobriu, sobre o trilho, à hora congelante da manhã, o cadáver atrozmente desfigurado do poeta, *Le Figaro* apresentou aos seus leitores a crônica literária que Marcel Ballot, no número de ontem [8 de fevereiro] dedicou a *Le coeur magnifique*, o novo volume de versos de madame Catulle Mendès. E nesta análise, aqueles que já sabiam do terrível infortúnio, leram com estupefação estas linhas: 'Tão consciente que é de sua força e de suas queixas, tão inconsolável de ter deixado tantos tesouros perdidos, tantos esplendores profanados e esse passado que agora'", ressalta o *Comoedia*, citando Ballot, antes de completar com uma transcrição de outro verso soturno – "não é mais que um morto na rapina".

Considero ainda mais surpreendente os dois versos que foram transcritos de *Le coeur magnifique* por Ballot, escritos por Jane, possivelmente, no calor da crise conjugal:

> Estamos separados como um rio e um rio,
> Vós estais aí sem amante e cá estou viúva[125]

A coluna "O que dizem as peças" de 15 de fevereiro já estava fechada quando ocorreu o acidente e a seguinte foi recebida pelos editores, conforme explicado em nota, no dia em que se tomou conhecimento da morte do marido de Jane. Por isso, somente na edição de 15 de março, a viúva conseguiu agradecer a indulgência das leitoras que lhe escreveram "tantos testemunhos de solidariedade" e "cartas deveras tocantes" e fazer uma singela homenagem ao homem com quem vivera nos últimos treze anos e que a incentivara vivamente na carreira literária.

> Trabalhe. De todas as palavras que me repetia, ao longo de tantos anos, a grande voz que se silencia, esta é certamente a que eu ouvi mais frequentemente. Era devido a ela que o

querido grande trabalhador, tão monstruosamente arrancado da vida, alcançou seus clarividentes conselhos, o generoso entusiasmo de suas ilusões, que o deixava com os olhos marejados de tão nobres lágrimas, certas observações literárias que, com tão delicado esmero – pois ele tinha um infinito respeito por todas as individualidades intelectuais – ele às vezes queria me retribuir.

Trabalhe.

Revejo seu sorriso, o encorajamento de sua emoção e seu olhar que, após a palavra precisa, me deixava, me esquecia, sonhava.

"Trabalhe." É a essa exortação que devo, acima de todas as outras, obedecer agora. Tentarei. E se, em algum momento muito doloroso, eu tiver que buscar um recurso, encontrá-lo-ei no admirável exemplo que me foi deixado, que foi deixado a todos. Lembrarei que, por mais de meio século, o cérebro criador e a mão obediente daquele que não mais existe cumpriram sua função épica e que poderiam ser esmagados, mas não surpreendidos pelo fracasso. Então, nenhum esforço me será impossível. E assim terei a certeza de satisfazer o silêncio daquele que não conheceu descanso exceto na eternidade.[126]

Rio de Janeiro (1911)

"Aurora da nossa emancipação"

No inverno de 1911, a construção do teleférico entre os morros da Urca e o Pão de Açúcar entra na sua fase decisiva, e o Corcovado conta apenas com um modesto mirante no alto, ao qual já se chega pelo trenzinho em meio à Mata Atlântica. O principal atrativo do Rio é a Avenida Central, inaugurada por Pereira Passos a tempo do término do seu mandato em 1906, na tentativa de melhorar a imagem do país no exterior, que havia sido arruinada por sucessivos episódios de febre amarela desde meados do século anterior. Com as obras urbanísticas concluídas, leva-se mais quatro anos até que todos os prédios fiquem prontos. O quadro é belíssimo no cartão-postal, mas quando, num mergulho na imagem estática, os transeuntes ganham cores e movimento e o vira-lata fugido da carrocinha atravessa os 33 metros de largura da via em meio a veículos em velocidade, a impressão muda completamente. Se a violência ressonante do bate-estaca das obras realizadas a toque de caixa já não se ouve tanto, ainda é possível notar espessas nuvens de poeira a pairar por todo o Centro da cidade.

Apesar de completamente invisível aos olhos de quem contempla o postal, na correria do dia o incômodo é real. Certa tarde, sedenta por um sorvete, a escritora Júlia Lopes de Almeida chama o fenômeno, que é agravado ao se misturar com a fuligem de odor mineral expelido pelos veículos, de o "pó dos séculos".[127] E é obrigada a ouvir a troça do amigo com quem se encontra no Largo de São Francisco, para ir à confeitaria Castelões. "Sal não parece, mas pimenta-do-reino em pó, não direi que não", brinca ele, antes de disparar um espirro. E Júlia dá o seu troco: "Não é gripe, é pó". Ao chegarem ao tradicional estabelecimento, Júlia optou primeiro por um refresco, enquanto se "dessedentava". Sua companhia naquela tarde chegara de trem de Paulo de Frontin, localidade para os lados de Piraí, onde as hidrelétricas da Light geram a energia fornecida ao Distrito Federal. O amigo queixa-se das péssimas condições da Central do Brasil, que lhe causa "pavor". "A única zona em que se pode viver hoje, no Rio de Janeiro, é a sua zona asfaltada", emenda, para em seguida ponderar que "nos subúrbios há trechos muito lindos".[128]

A capital da República brasileira pretende-se moderna, porém exala desigualdade em cada esquina, sem precisar ir muito longe da badalada Avenida Central. No quarteirão atrás do paredão de edifícios em estilo eclético, passando pelo gracioso Largo da Carioca ainda com o seu monumental chafariz, o Morro de Santo Antônio completamente desmatado, na vermelhidão de seu barro, a exemplo do seu vizinho Morro do Castelo, clama por uma solução antes que ocorra uma tragédia.

> No que dá a gente olhar para o céu em noite de eclipse! Na paisagem, enluarada em vários pontos pelos clarões da luz elétrica, eu via da minha janela o vulto alquebrado do morro do Castelo, roído em um flanco, emagrecido, torto, como um pobre-diabo já desanimado da medicina que lhe evite a morte, que tanto tarda.
>
> Mais perto, o Santo Antônio, redondo e gordo, olhava para ele [morro do Castelo] do meio dos seus andrajos, já também com ar de desesperança, sem achar termos de consolação. O Castelo parecia dizer-lhe:

– Vê se tomas ao menos para ti o peso do Observatório! Não posso mais. Apesar de pobre e de sujo, estás ainda robusto e moço. E eu, prejudicado na minha integridade, sou um fantasma do que fui. Sinto agora formigueiros nos pés; qualquer dia desfaleço e alastro-me aí por sobre esses telhados novos dos palácios públicos. Que me acuda então quem puder!

Santo Antônio suspirou:

– Todo eu sou dorso. Com que mãos irei buscar o teu palácio de ver estrelas, para te aliviar do seu peso? Será mais fácil dividirem-te em dois, ligar as duas partes em cima, por uma ponte, para que os palácios públicos não tenham por fundo a tua parede escalavrada, do que me ajudarem a mim. Apesar de gordo, também não me sinto bem, amigo! Velho morro, cá me tens de novo compadecida dos teus andrajos e a afirmar a tua boa vontade.[129]

A placidez da imagem em preto e branco, admirada pelos nostálgicos dos nossos dias, não resistiria sequer a uma caminhada na direção das extremidades da avenida, especialmente a norte, onde o barracão de obras do prédio do Liceu de Artes e Ofícios ali resiste de pé em pleno 1911,[130] cinco anos depois da dita inauguração da via. Cronista perspicaz, Júlia critica o silêncio da avenida quando se deixa a trinca de quarteirões entre a estação de bonde do Jardim Botânico, ao sul, e da Rua do Ouvidor, ao norte. Nesses quinhentos metros, concentram-se os bares, as confeitarias, os cinematógrafos e outros estabelecimentos da moda. Fora dele, o "calor da animação sucede repentinamente um frio de sepulcro. Aquilo não é via pública, é via penitenciária".[131]

A autora de *A falência* considera mais útil se tivessem instalado ali "casas que se iluminem e abriguem muita gente noite e dia". Assim, acrescenta Júlia, confeririam-lhe vida ao trecho e se resolveria a questão da moradia – famílias de porte pequeno podiam levar ao menos quatro meses até encontrar um lugar, a contragosto.[132] "Há falta de casas no Rio; haverá ainda por muito tempo, porque a população cresce. E, assim sendo, como se pode obrigar uma grande quantidade de criaturas a mudar de domicílio de um dia para o outro?", questiona.

Colega de Júlia em *O Paiz* e nome por trás do pseudônimo Carmen Dolores, a cronista Emília Moncorvo Bandeira de Mello denuncia a maquiagem que acentua as diferenças sociais.

> Embelezam o Mangue e o Mangue transborda a menor chuva, afoga o gás, impede o trânsito dos bondes e carrega com os cacaréus da população mais necessitada, além de ameaçar a vida de não pouca gente. Embelezam a avenida Beira Mar, e os escoamentos pluviais não somente deixam de fazer-se, mas até a maré agora penetra por eles adentro e vem inundar ruas e casas. A cada momento é um dilúvio aterrador... E por todas as vias públicas embelezadas, ao mínimo aguaceiro de verão, é isso que vemos agora: correntes caudalosas, vidas em perigo, desabamentos, desgraças, a interrupção completa, em suma, de todos os hábitos e privilégios da existência civilizada.[133]

A metáfora da prisão ressurge em outro texto de Júlia para descrever os bondes que circulam ao cair da noite, apinhados de trabalhadores – "rostos congestionados, luzidios, cansadíssimos, dos passageiros comprimidos nos bancos e abafados nas suas casimiras escuras"[134] – voltando para casa numa noite do escaldante verão de 1911, às margens do Canal do Mangue com suas palmeiras esbanjando "sujidade" e "tristeza".

> Estavam na fogueira desde de manhã, já não podiam tolerar os colarinhos, o chapéu coco, o casaco de lã, a atmosfera de forno da cidade baixa. Cada bonde que passava, assim repleto, acordava a ideia de um cárcere ambulante, cujo estrado, gradeado, tivesse um fundo de brasas. Iam na grelha aqueles pobres senhores e aquelas damas de chapelão e leques incansáveis, nas mãos, aflitas.

Este é o Rio nu e cru – ou talvez fosse melhor dizer vestido e assado – que as imagens mais famosas de Augusto Malta são incapazes de traduzir nos dias de hoje, que se revelava para quem estivesse disposto a ver, como Júlia Lopes de Almeida estava. Uma cidade que desde então é dividida entre os incapazes de sair da "zona asfaltada"[135] e os que transitam entre esta, onde se ganha o pão, e suas moradias nos subúrbios e morros de pisos barrentos; entre os que sabiam fluentemente o francês e os que sequer sabiam ler e escrever mesmo em português – havia, pelas estimativas oficiais, trezentos mil analfabetos, equivalente a 37% da população de mais de oitocentos mil habitantes do Rio;* entre os que aguardavam ansiosamente a visita de Jane Catulle Mendès, com seus dodecassílabos, e os fãs do Catulo da Paixão Cearense, com suas modinhas a cantar a saudade dos migrantes.

Como se estivesse chegando numa casa ainda em construção, Jane é ciceroneada por anfitriões que só lhe apresentam os cômodos reluzentes e arrumados – as portas daqueles indignos permanecem trancadas face à visita tão aguardada. E há, apesar do cenário traçado por Júlia Lopes de Almeida, inúmeros recantos encantadores para uma poeta, uma poeta de grande sensibilidade para os parques parisienses. Do Jardim Botânico, com suas palmeiras, bambuzais e bananeiras, à Biblioteca Nacional, há pouco transferida para o prédio onde está instalada até hoje. Estalando de nova, a biblioteca é um enorme orgulho para Júlia Lopes de Almeida e impressionaria a francesa.

> Venho exatamente de percorrer todo o edifício da nova Biblioteca, desde as oficinas tipográficas e de encadernação e da sala dos motores elétricos, no porão, até aos seus mais altos terraços, aos seus salões e galerias nobres, e a impressão

* Considerando a população acima de 15 anos, de acordo com o Censo de 1906.

> recebida a cada novo aspecto dos vários compartimentos superiores era idêntica à de quem, saindo de um lugar acanhado e de atmosfera pesada, se visse de repente em plena claridade, bafejada pelo ar livre do mar; em uma atmosfera sã, que desperta a vontade para as energias e para o gosto do estudo. O edifício, cuja fachada é, a meu ver, uma das mais belas, mais grandiosas e mais serenas dentre todas as do Rio de Janeiro moderno, correspondia internamente ao que prometia no exterior: luxo e conforto.[136]

Ao sair da biblioteca, passando entre o Palácio Monroe e a encosta do Morro do Castelo, é possível percorrer a orla da Baía de Guanabara, por sua recém-construída Avenida Beira-Mar, pontuada por jardins. O passeio partindo do Centro, passando pela Glória e pelo Catete, apresenta de um lado as mansões em estilo eclético emolduradas pelo verde da mata a se perder de vista até chegar aos pés do Corcovado e, do outro, o mar com o Pão de Açúcar. A sentinela de granito sobre a Urca emoldura-se perfeitamente à vista humana ao se contornar a grande curva antes da chegada à plácida enseada de Botafogo.

Há ainda, no perímetro mais próximo ao Hotel dos Estrangeiros, Santa Teresa, refúgio de duas das grandes amizades que Jane cultivaria em solos cariocas. Além da própria Júlia, a mecenas e agitadora cultural Laurinda dos Santos Lobo. Júlia e Laurinda são as donas de dois dos mais concorridos salões, outra instituição tipicamente francesa incorporada ao dia a dia das elites. São frequentados por artistas, escritores e políticos. Pelo hábito de receber ao ar livre em seu jardim, o salão de Júlia Lopes de Almeida e seu marido, o também escritor, Filinto de Almeida, fica conhecido como o Salão Verde. Ali conversa-se sobre literatura, arte, política, e foi um dos locais onde se costurara a criação da Academia Brasileira de Letras. A anfitriã, que participara ativamente de toda a articulação que culminou com a ABL, ficou de fora do grupo de quarenta membros-fundadores com a justificativa de que a Academia que os havia inspirado, a Francesa, não aceitava mulheres.* Quem acabou tomando posse em seu lugar foi o marido.

Já Laurinda dos Santos Lobo organiza jantares e coquetéis, bem animados e fornidos, no palacete de seu tio,** o todo-poderoso ex-ministro da Fazenda Joaquim Murtinho, que exercera o cargo no período logo após a desastrosa política do encilhamento, com o desafio de sanar as finanças do país. Nascido em Mato Grosso, Joaquim se tornou um homem de negócios típico dos tempos da República Velha, que se valeu de vantajosos contratos com o governo para prosperar. Seu prestígio político também era devido ao exercício da homeopatia, chegando a ter entre seus clientes, desde os tempos do Império, ministros de Estado, presidentes e senadores.[137]

As vistas das duas casas são estonteantes, a despeito da vermelhidão do morro de Santo Antônio. Com o pitoresco aqueduto por onde passava o bonde, formam um quadro admirável. Da varanda de Laurinda, o cair da tarde sobre a boca da Baía de Guanabara guarnecida pelo Pão de Açúcar é um espetáculo divino. E Jane testemunhará tal espetáculo em clima de festa, na companhia de pessoas que compartilham preferências semelhantes às de seus amigos parisienses. Uma gente que frequentava o teatro com um entusiasmo assim descrito por Carmen Dolores:

> Será terremoto?... Será fenômeno nervoso da terra carioca que está vibrando ao contato das elétricas mãos do prefeito? Ah! Não!... É a estação *qui bat son plein* [que está a todo vapor] e imprime a toda a cidade um vivo frêmito de prazer. [...] E quem passa à noite pelas imediações do Lírico, que

---

* A alegação, no entanto, como vimos dois capítulos atrás, era falsa, não havia, no estatuto da Academia Francesa, nenhuma restrição à presença delas.

** As paredes em tijolos da ruína que dá nome ao Parque das Ruínas é o que sobrou do palacete dos Murtinho.

> atualmente é dramático, é clássico, é foco de intenso gozo intelectual, aprecia o espetáculo pitoresco das chegadas ao teatro, das cintilantes luzes, do agitado burburinho dos grupos, da parada dos bondes de luxo, despejando gente encapotada e grave, com ares de felicidade concentrada, e dos carros luzidios, cuja portinhola se abre e fecha com um estalido seco, impertinente e crispante para a galeria, deixando fugir lindas capas alvadias, pés frementes e bem calçados, estonteantes aromas, leves mantilhas de renda, que, um segundo, brilham à claridade forte do peristilo e logo desaparecem, somem-se no interior do festivo recinto.[138]

Podia ser Paris, mas é o Rio que, engalanado, recebe a poeta francesa em festa. E, como costuma lhe ocorrer quando o assunto é presságio, a boa impressão deixada na escala rumo a Buenos Aires, em plena Baía de Guanabara, corresponde a tudo o que Jane Catulle Mendès sonhara.

As revistas francesas, que disseminaram a fama de Jane Catulle Mendès na França chegam ao Brasil com facilidade, são lidas tanto pelas mulheres do *grand monde* carioca interessadas em literatura quanto pelas inconformadas com a submissão feminina. Estas não são tão numerosas aqui quanto lá, mas encontram, ao custo de ironias e maledicências, os seus espaços. Ao ser indagada sobre o feminismo por seu amigo João do Rio para o seu *Momento literário*,[139] Júlia Lopes de Almeida respondeu, com "um brilho de vaga ironia" nos olhos: "Sim, com efeito, há algumas senhoras que pensam nisso. No Brasil o movimento não é, contudo, grande. Acabo de receber um convite de Júlia Cortines para colaborar numa revista dedicada às mulheres. Descanse! Há uma seção de modas, é uma revista no gênero de *Femina*...".

A xará de sobrenome Cortines era poeta respeitada, leitora das publicações de Pierre Lafitte, que deve ter se enchido de orgulho ao ver reconhecida nas páginas da revista francesa a pianista brasileira Magdalena Tagliaferro quando esta ficou com o 1º lugar no concurso do Conservatório Femina.[140]

Os planos de uma versão brasileira não prosperaram, apesar de ter havido em Recife uma tentativa de uma revista escrita só por mulheres, chamada *O Lyrio*, da qual se tem conhecimento de vinte edições. Tinha como redatora-chefe Amélia de Freitas Beviláqua e, entre suas colaboradoras, a poeta e educadora pernambucana Edwiges de Sá Pereira.[141] Para conseguir escrever, superaram alguns obstáculos. Assim como na França, a lei não estava a favor delas e, quando tentaram instituir, na Constituição de 1891, a obrigação do casamento civil, levantou-se, como observou Júlia Lopes de Almeida, "enorme gritaria"[142] entre os detratores da proposta. Seria um dispositivo legal que poderia evitar o clássico caso do homem que abandona a mulher com os filhos e some na vida.

> Contra esse decreto previdente levantou-se enorme gritaria, não já entre fanáticos da religião, mas entre os fanáticos da liberdade, como se nas sociedades fosse possível a liberdade sem limites e sem contraste. O fanatismo republicano dos primeiros anos da República e o fetichismo da Constituição inflaram as bochechas e descarregaram os pulmões sobre o ministro que decretara a lei, e de tal modo vociferam que o governo recuou e a lei foi revogada – se não me engano, e os sacerdotes de todas as religiões ficaram com a liberdade maléfica de constituírem famílias fora da lei, desamparadas de todas as garantias, desprotegidas de todo o direito.

Titular da coluna "Binóculo" da *Gazeta de Notícias*, considerado o inventor do colunismo social no Brasil, e uma das figuras de maior prestígio da imprensa na Belle Époque, Figueiredo Pimentel cunhou o lema adotado pelas elites brasileiras para propagandear as reformas de Pereira Passos – "O Rio civiliza-se!". Estabeleceu uma relação de cumplicidade com seus leitores e leitoras que o escreviam com frequência. Certa feita, no inverno de 1910, recebeu uma carta, assinada por "uma leitora firme" com o seguinte reclame.

É a vossa competência a que me dirijo para resolver um assunto que me parece ser da máxima importância, atualmente.

É na vossa seção, a única em toda a imprensa carioca, em que se discutem coisas femininas. É, pois, o único cantinho que encontro preparado para receber o meu pedido.

Leio sempre o que dizes a nosso respeito (já deveis ter adivinhado que sou do sexo a que chamas belo, modéstia à parte), mas, com pesar, verifico que para vós a mulher é apenas uma "boneca". Os seus vestidos, chapéus, sapatos, penteado e tudo o mais que pode lhe realçar a beleza, ou então lhe corrigir a incorreção do rosto e do corpo, eis simplesmente do que vos ocupais.

Aqui (não vos melindre à minha franqueza) vos deixo uma censura: Por que não criar uma seção em que se trate um pouco da literatura que deve figurar numa estante de moça? Por que não indicar os autores que deve ler e também os que deve apreciar no palco, da comédia ou do drama?

Reclamo à mulher um pouco mais de apreço. Sabeis decerto que o instinto de parecer bela é comum em todas nós; enquanto que infelizmente não são todas as que conhecem pelo menos um pouco das nossas letras.

Assim, recorro à vossa atenção, chamando-a para esse caso: deixai de lado a mulher-boneca; cuidai antes dessa outra que precisa ser instruída para tornar felizes e conduzir ao bom caminho os nossos jovens patrícios, atualmente dispersos pelas nossas ruas e avenidas.

Espero um pronto deferimento à minha petição. Com muito saudar de uma Leitora firme.[143]

Depois de reconhecer que a "leitora firme" tinha certa razão e tergiversar, Figueiredo Pimentel saiu-se com uma resposta ilustrativa do preconceito contra a mulher e que não tardaria em receber uma resposta enérgica. "A nossa opinião individual é a seguinte: Apreciamos muitíssimo uma mulher instruída, mas não sábia, *precieuse ridicule* [bobinha]; e temos horror às mulheres que escrevem, as *bas-bleu**", [144] escreveu o colunista, fazendo referência ao termo irônico que se usava para se referir às mulheres escritoras ou com pretensões intelectuais.

No domingo seguinte à publicação, sentindo-se atacada pelo inventor da expressão "O Rio civiliza-se", a colega de Júlia Lopes de Almeida, Carmen Dolores, assumiu para si a tréplica.[145] Os argumentos de Figueiredo Pimentel, alegava Carmen, não eram nada originais, pois Stendhal, muitas décadas antes, publicara o volume *Projeto de uma lei que proíbe às mulheres aprenderem a ler*, obra em que teria escrito: "Não há um só de nós que não prefira no seu íntimo passar a vida com uma criada ignorante, a passá-la com uma mulher instruída...".

Carmen Dolores evocou em seu texto algumas das insubmissas reveladas por Marguerite Durand, aquelas que atravessaram a Ponte das Artes na matéria da revista *Femina* – "Oh! Marcelle Tinagre [*sic*], luminosa Noailles dos belos olhos, bizarra Catulle Mendès, espantosa Séverine, no trêfego presente!" – e depois suas congêneres brasileiras "marcadas pela imarcescível tara do livro, da pena e da tinta".[146]

> Podemos nós responder, não, infelizmente, a Stendhal, mas a um escritor nosso que acaba de surgir com as mesmas ideias, que a vontade de parecer original faz por vezes dizer coisas que se não pensam, que se não podem pensar, atendendo à espera aparente, pelo menos, da existência que se leva [...] É Figueiredo Pimentel, de luvas e binóculos, estudando a arte suprema de um corpete palhetado de pérolas ou a expressão sentimental de uma linda face cismadora, que nos veio dizer domingo, impavidamente, com a audácia dos... fortes, respondendo a uma *soi-disant* consulta epistolar feminina, que ele não suporta a mulher que escreve...

---

* Expressão de origem inglesa, surgida em meados do século XVII, que passaria a ser usada para se referir pejorativamente a mulheres com inclinações intelectuais.

E, então, conclamou as literatas brasileiras – "A postos, portanto, excelente amiga Maria Clara da Cunha Santos, Júlia Lopes de Almeida, Presciliana Duarte, outras, outras, todas as escritoras brasileiras" – para, então, arrematar: "Trema Figueiredo Pimentel diante da nuvem ameaçadora das *bas-bleus* brasileiras, como diante de um pelotão de gafanhotos decididos à vingança". Os embates de Carmen com os homens de imprensa eram frequentes. Noutra ocasião, em 1907, em resposta a outro figurão, manifestou-se a favor do divórcio. Para defender que, sim, uma mulher conseguiria sustentar-se pelos seus próprios meios, recorreu a si como exemplo. A cronista perdera por duas vezes o provedor de sua casa, primeiro o marido e, anos depois, o filho que assumira a responsabilidade paterna, vendo-se obrigada a escrever profissionalmente já na casa dos 40. "Tenho hoje o orgulho, permitam a confissão, de sustentar honestamente, dignamente, eu só, o meu lar, toda a minha família, com o exclusivo esforço da minha pena de mulher",[147] bradou. A atividade seria complementada por conferências que passara a proferir na capital federal, seguindo os modismos parisienses.

A cronista mal teve tempo de organizar a resistência e seguir adiante com sua causa porque a voz inconformada por trás de Carmen Dolores, de Emília Moncorvo Bandeira de Mello, calou-se dezesseis dias depois da publicação. A resposta ao inventor do lema "O Rio civiliza-se" foi uma de suas últimas contribuições para *O Paiz*. A colega de pena de Júlia sofria há alguns anos de um problema abdominal, que resultou na causa de sua morte, uma peritonite aguda. O escritor Coelho Neto, no discurso à beira da sepultura no Cemitério São João Batista, ressaltou sua peleja pela "independência feminina, batendo-se contra preconceitos e impondo-se pelo talento".[148]

Emília é a primeira brasileira a ter na certidão de óbito, no campo destinado à profissão, a distinção: literata.[149]

A semeadura de Carmen Dolores não tardaria, no entanto, a render frutos. Ainda no ano de sua morte, um grupo de

27 mulheres, a maioria docentes, reuniu-se no Rio de Janeiro para debater a fundação do Partido Republicano Feminino, sob a liderança da educadora Leolinda de Figueiredo Daltro.[150] Assim como Emília Moncorvo Bandeira de Mello, a baiana Leolinda, que descendia de tribos tupinambás e timbiras, um dia se viu obrigada a sustentar os filhos depois de desfazer o primeiro casamento.[151] Tornou-se, então, docente. Mudou-se para o Rio com o segundo marido, foi nomeada professora municipal e empreendeu um inédito trabalho de aproximação dos povos indígenas por meio de educação laica, que resultou na criação, em 1903, do Instituto de Proteção aos Indígenas Brasileiros, vinculado ao Instituto Histórico e Geográfico Brasileiro.[152] Era anterior, portanto, ao Serviço de Proteção do Índio, criado pelo marechal Rondon.

O trabalho de campo com os indígenas no interior de Minas Gerais e de Goiás, seu apoio ao marechal Hermes da Fonseca nas eleições de 1910 e o ativismo em favor do Partido Republicano Feminino conquistaram a simpatia da futura primeira-dama, Orsina da Fonseca. O partido, que defendia o sufrágio feminino, tinha entre suas principais bandeiras lutar pela "emancipação da mulher brasileira, despertando-lhe o sentimento de independência e de solidariedade patriótica" e estender "à mulher as disposições constitucionais da República dos Estados Unidos do Brasil, desse modo incorporando-a na sociedade brasileira", além de "propor medidas a respeito das questões presentes e vindouras relativas ao papel da mulher na sociedade", entre outras.[153]

Havia entre as 27 fundadoras do Partido Republicano Feminino uma jovem de nome Gilka da Costa,[154] alçada ao posto de oradora oficial da legenda. Trocar tudo até o fim do parágrafo por isso: Ela surgiria para as letras nacionais em outubro de 1911, depois de participar do concurso literário de poesia organizado pela Página Feminina, do jornal *A Imprensa*, de José do Patrocínio Filho. O poema "Beijo", assinado com seu nome de solteira, ficou em segundo lugar, mas um outro, de autoria de uma misteriosa Pythonissa do Luar, consagrou-se vencedor. Ao solicitar que a vencedora mandasse uma foto para comprovar que era mulher, os organizadores descobriram que a responsável por trás do pseudônimo também era Gilka Costa.*

Três anos mais tarde, portanto, aos 17, Gilka assinou o manifesto do partido liderado por Leolinda, uma das mais gratificantes descobertas da pesquisa sobre o epíteto Cidade Maravilhosa. *Às senhoras brasileiras sobre a emancipação da mulher*[155] ecoa muitas das discussões que estavam em curso na França de Jane Catulle Mendès e traz referências a Jane Austen. Não eram somente os modismos dos chapéus e dos vestidos que chegavam aqui. Discussões relevantes sobre o papel da mulher, levantadas em romances como *A rebelde*, de Marcelle Tinayre, circulavam também, ainda que num grupo mais restrito.

> Às senhoras brasileiras sobre a emancipação da mulher.
>
> É como mulher naturalmente emancipada pela liberdade das minhas ideias e das minhas ações, que a essa redação envio o meu manifesto sobre a emancipação da mulher, com o intuito de saudar publicamente a ilustre fundadora do Partido Republicano Feminino, e, ao mesmo tempo, solicitar da mulher brasileira o seu valoroso concurso para a luta que o mesmo Partido vai travar em prol da grandeza e liberdade de nosso sexo.
>
> A mulher, atualmente, é, dentre os entes racionais, o que menos liberdade goza.

* É corrente a versão de que Gilka teria conquistado o primeiro e o segundo lugares de um concurso promovido pelo jornal *A Imprensa*, em 1907, aos 13 anos, mas me parece haver uma confusão. Em 1907, na verdade, Gilka recebeu, da seção infantil da *Gazeta de Notícias* (de 10 de junho de 1907, p. 4), uma menção honrosa pelo conto "O poeta e a dor", assinado com o pseudônimo Rosa do Surubiú. O concurso de poesia promovido pelo jornal *A Imprensa*, vencido duplamente por Gilka, é o de 1911.

Desde a mais tenra idade, quando no espírito começam a emanar os primeiros clarões da inteligência, ela, seguindo a rotina que a sociedade lhe aponta pelo dedo dos seus próprios pais, limita-se a adquirir uma instrução primária, aprende a tocar piano, a dizer algumas palavras do francês, a fazer todos os serviços domésticos, tornando-se assim, apta conforme a sociedade ordenada, para ser uma perfeita dona de casa.

Quando púbere ainda, a mãe aconselha a ser dócil, meiga, resignada, incute-lhe no espírito crenças absurdas, convence-a, finalmente, de que a mulher nasceu apenas para ser mãe dedicada e esposa submissa.

E, espiritualmente cega, pela quase total ignorância, incapaz portanto de distinguir o bem do mal, como um búzio que conserva eternamente os rumores do oceano, ela, povoando o cérebro embrutecido e oco, guarda secretamente os ecos dos maternais conselhos. Assim, sugestionada, cônscia de que a beleza é o maior atrativo para o homem, a caça de um marido, pejada de armadilhas, semivestida para reclamo da sua forma, transformada finalmente em verdadeira vitrine ambulante, expõe-se nas praças públicas aos olhares lúbricos do homem; e quando acontece, o que é fenomenal, aparecer uma mulher que, segundo as rotinas, que não as sociais, se impõe às turbas pela sua instrução e pelo seu talento, o homem, atendendo a obscuridade em que se tem mantido a nossa quase totalidade, qualifica o seu espírito de "másculo" – chama-a de "mulher varonil".

Espírito másculo!

Mulher varonil! – como se o espírito não fosse insexual; como se o talento fosse propriedade do homem!

Mulheres! É necessário readquirirmos a liberdade que a Natureza nos concedeu.

Ser mãe, é uma lei que ela nos impôs, da mesma forma que impôs ao homem a de ser pai.

Nós podemos agir de um modo liberto, podemos expor publicamente as nossas ideias, podemos exercer as mesmas funções que os homens exercem, sem todavia transgredirmos essa lei natural.

É preciso que no espírito do homem se extinga a persuasão de que nós somos seres criados apenas para saciar os seus desejos materiais.

É preciso que esse animal egoísta, que deverá ser apenas o nosso companheiro, e formou a sociedade para se tornar senhor, restitua-nos o direito que por ele nos foi torpemente usurpado!

Mulheres que no imo das almas guardais uma revolta secreta! É chegado o momento de vos manifestardes!

A preclara senhora d. Leolinda Daltro, interpretando essa revolta, possuidora de uma alma cheia de ímpetos e de coragem, acaba de fundar o Partido Republicano Feminino, que oferece todos os meios para a realização do nosso ideal.

A inferioridade do nosso sexo, quer física, quer espiritual, provém da ignorância em que a sua maioria jaz.

Para destruí-la, o Partido Republicano Feminino fundará escolas onde a mulher receberá instrução física e espiritual.

Eis! Mulheres brasileiras! Aliemo-nas ao Partido ora formado. Encorajemo-nas!

Há já vinte séculos que a sociedade acumulando preceitos sobre preceitos, foi, pouco a pouco, erigindo uma barreira formidável à liberdade das nossas ações.

E se algumas, dentre a coletividade de nosso sexo, têm ousado revoltar-se contra esse tolhimento, todas as outras, temerosas do escândalo, duvidosas da potência de suas forças, só têm conservado passivas, numa neutralidade amesquinhadora.

Agora, porém, é maior o número das mulheres rebeladas; é chegado o momento da nossa libertação!

É necessário, pois, que as nossas vontades assumam a impetuosidade das ondas para, unificadas, formarem um oceano que, crescendo, se enfurecendo ao fim, irá presentemente demolindo essa barreira colossal.

Ah! E que prazer infinito o nosso, quando, após essa tremenda purna, destruindo as tenebras desta noite de hoje, raiar, aos sons alvissareiros dos clarins da Vitória essa tão anunciada – Aurora da nossa Emancipação!

Rio de Janeiro, 22 de Junho de 1910.

Gilka da Costa

Poetisa brasileira

• • •

No ano seguinte à morte de Carmen Dolores e da publicação desse potente manifesto, Leolinda e seu grupo conseguem a homologação do registro oficial no 1º Ofício de Títulos e Documentos do Distrito Federal. Para celebrar a conquista, as fundadoras do partido saem às ruas do Catete escoltadas por um grupo de alunas da Escola de Ciências, Artes e Profissões Orsina da Fonseca, da qual Leolinda fora nomeada diretora. Elas são recebidas no palácio presidencial pelo chefe do Executivo e a primeira-dama, que veste a faixa da agremiação e posa ao lado das lideranças femininas, diante do grupo de jovens estudantes.[156] Seis anos depois de sua fundação, segundo Leolinda, o partido contava com duas mil afiliadas.[157]

Guardadas as devidas proporções, Leolinda foi para as feministas brasileiras o que Marguerite Durand foi para as francesas, pois exerceu papel de liderança e militância permanente. A exemplo do que Marguerite tentara em Paris em 1910, a fundadora do Partido Republicano Feminino lançaria, de forma simbólica, em 1919, candidatura à Intendência Municipal do Distrito Federal, que equivaleria ao cargo de prefeita.[158] Em plena guerra, coloca à disposição do governo de Wenceslau Braz os préstimos não apenas de enfermeiras, mas também de uma guarnição armada, formada por "persistentes patrícias, desejosas de dar a vida a tão útil instituição". "O Partido Republicano Feminino, sem intuitos guerreiros, somente esportivos criou uma linha de tiro feminino, que funcionou com 203 alistadas, fazendo exercícios frequentes com armas de Flobert,* munições e uniformes adquiridos pelas próprias alistadas, tendo como instrutor o tenente João Arnoso",[159] escreveu ao presidente da República, informando ainda que a quantidade de "atiradoras" decresceu.

Ao comentar a conquista do voto feminino no Brasil, em 1932, Leolinda declarou ser uma pessoa feliz e que já podia descansar depois de ver vitoriosa a luta pela emancipação política da mulher. Morreu tragicamente três anos mais tarde, em maio de 1935, depois de complicações decorrentes de uma cirurgia para amputação de uma perna severamente atingida por um automóvel.[160]

Uma parisiense na avenida

> Encontrei-me no sábado passado com o Libânio no alpendre [do bonde da linha] do Jardim Botânico. Como de costume agarrou-se a mim para conversar. E quando se agarra não há coisa que o desgrude.
>
> – Onde vais? perguntou-me ele.
>
> – Vou ao five-ó-clock da Catulle *Mendés*...
>
> – Para que este luxo de *Mendés*, diz como é e deve ser: Mendes...
>
> – Mas, Libânio, é a mulher do escritor francês...
>
> – Ah! pensei que fosse parente do nosso Catulle... E que veio ela fazer aqui?
>
> – Conferências...
>
> – Ainda!... não há dúvida que a Europa continua a se curvar ante o Brazil. Já vieram o Ferri, o Clémenceau, o *Jaurete* (desculpem é assim que o Libânio pronuncia), temos agora a tal Madama...
>
> – E vamos ter em breve o Victor Margueritte...
>
> – Você quer saber? toda essa gente não me interessa. Só há um escritor de quem eu gosto e que eu queria ver aqui... mas há de vir também.

---

* Revólver com tambor batizado, na verdade, em homenagem a Louis-Nicolas Flobert.

– Quem é?
– Paul de Kock.[161]

A semelhança da sonoridade de um dos sobrenomes de Jane com o nome do cantor, violonista e poeta Catulo da Paixão Cearense inspira o espirituoso diálogo entre Libânio e o narrador do encontro. A localidade do Jardim Botânico, onde mora um dos principais capistas da revista, o desenhista J. Carlos, é também um subúrbio distante. Nessa época, qualquer arrabalde fora do Centro é chamado de subúrbio, aos quais a forma mais cômoda de se chegar é o bonde. Apesar de aparentemente corriqueiro, o texto contém algumas pistas sobre a cidade que recebe a francesa naquela primavera de 1911 e revela, incontestavelmente, a pronúncia à francesa. Libânio, que pronuncia os nomes estrangeiros de forma aportuguesada e fala madama em vez de madame, surpreende-se ao ouvir seu interlocutor pronunciar o nome Mendes com sílaba tônica na posição incomum: "Para que este luxo de *Mendés*, diz como é e deve ser: Mendes". Ao ser explicado que se trata da "mulher do escritor francês", o interlocutor recorre, para justificar sua confusão, ao popular músico.

Ainda que àquela altura não tivesse lançado "Luar do sertão", uma das músicas brasileiras mais gravadas de todos os tempos, Catulo já faz enorme sucesso nas camadas urbanas, possivelmente entre os operários, que habitam e circulam pelo distante Jardim Botânico, nessa época uma espécie de distrito industrial. Ao arrematar com a citação ao escritor Paul de Kock, conhecido no século XIX por sua literatura de forte apelo comercial e popular, o narrador não nos deixa dúvidas de que se trata de um diálogo entre uma pessoa mais simples, possivelmente do operariado, e alguém que circula entre as elites.

Até pelo fato de serem pronunciadas em francês, as conferências de Jane Catulle Mendès são um divertimento para a alta sociedade. Se Libânio passaria longe dos auditórios onde foram realizadas as palestras, J. Carlos, seus companheiros de *Fon-Fon* e os leitores da revista, não perderiam a oportunidade de ver de perto a poeta, viúva do mestre parnasiano, estilo literário que influencia nomes do porte de Olavo Bilac. Seguindo à risca o que se faz em Paris, o Rio também importa o costume das conferências desde os fins do século XIX. João do Rio, Alcindo Guanabara, o próprio Bilac, Júlia Lopes de Almeida, Carmen Dolores e outras personalidades literárias e das ciências cobram ingresso para falar em público sobre temas variados.

Com a festejada passagem do escritor francês Anatole France, da Academia Francesa de Letras, pela América do Sul em 1909 – proferira palestras em Buenos Aires, São Paulo e Rio de Janeiro –, seus conterrâneos descobrem um filão internacional para suas intervenções. Quase dois anos depois da visita de Anatole, o professor de francês Ernest Capéran, da Universidade Presbiteriana Mackenzie, de São Paulo, enxerga no "novo gênero de 'turnê oratória' uma novidade e um progresso".[162] O fenômeno dos conferencistas estrangeiros é mencionado pelo Libânio no alpendre da linha do Jardim Botânico, citando alguns conterrâneos de Anatole France que haviam passado pela capital federal, entre lideranças políticas e personalidades literárias. Nenhum dos conferencistas aqui chegados depois de Anatole, largamente fotografado, causa tanto alvoroço quanto Jane Catulle Mendès.

Muito se lia a seu respeito nas revistas francesas, mas seus livros não estavam disponíveis tão facilmente, como revela Júlia Lopes de Almeida, em crônica publicada na semana da primeira das três conferências.

> Qual de nós, que tenha o hábito de ler revistas e folhear jornais, não conhece de há muito a bela madame Catulle Mendès, citada pelos cronistas parisienses como uma das mais formosas mulheres da cidade fulgurante, e um dos mais finos espíritos da moderna literatura francesa? Não errarei,

afirmando que nenhum. Os títulos dos seus livros, a cor dos seus vestidos, a forma do seu penteado, ora ladeado por duas flores enormes, ora aprisionado por uma rede de pérolas ou de fina trama de ouro; as suas atitudes lânguidas, que evocam imagens de célebres princesas bizantinas; o seu sorriso enigmático, o seu colo de cisne, digno de reproduções em mármores eternos; os seus dedos afilados, tintos de coral e os seus olhos sonhadores, rodeados por uma sombra azul; o seu modo de andar e de se mostrar em público, tudo isso, enfim, nós conhecemos muitíssimo melhor mesmo, através da distância, do que as suas próprias poesias, que em vão procurei um dia destes, por todas as livrarias da cidade. Muito desinteressado, ou pouco atilado foi o seu editor, não fazendo preceder a vinda da escritora às cidades americanas por um caixão das suas obras. De resto, talvez que essa imprevidência comercial dê resultados imprevistos e excelentes para a conferente, porque nos fica assim uma curiosidade intelectual a estimular-nos a vontade de ir ouvir a sua doce voz feminina dizer-nos coisas lindas de Santa Genoveva, de Joana d'Arc ou da mulher da atualidade em França.[163]

Na véspera dessa primeira fala, Jane comparece ao chá das cinco do Club dos Diários, o mais tradicional espaço de sociabilidade das elites na Belle Époque carioca. As colunas que remetem ao neoclássico, os estuques refinados e a pintura conferem ares palacianos ao salão nobre do prédio, que se tornaria sede do Automóvel Clube do Brasil, na Rua do Passeio. Naquele fim de tarde, os pavões reluzem num dos vitrais colorindo o ambiente aristocrático com tons lilases e azuis. Jane e sua escudeira, Mathilde, sentam-se à mesa do secretário da instituição, Octavio de Souza Leão, que está acompanhado do escritor João do Rio.[164]

Madame Catulle Mendès não deixaria de reparar nos belos arranjos de flores naturais a perfumar o ambiente. A dupla de anfitriões teria tagarelado com orgulho da recente reforma comandada pelo conterrâneo da poeta, o arquiteto Joseph Gire, trazido da França pela família Guinle. A transformação do ambiente do antigo Cassino Fluminense, ícone do Império brasileiro e palco da constituinte de 1890, no novo e republicano Club dos Diários é um dos primeiros projetos de Gire na cidade, que veria surgir de suas pranchetas, nos anos seguintes, alguns dos mais emblemáticos edifícios cariocas do século XX, entre eles o Hotel Glória, o Copacabana Palace e, na Praça Mauá, os edifícios A Noite e Touring.

Além de vir proferir conferências, a visita ao Rio, conta Jane aos seus interlocutores no Club dos Diários, é também para repousar, pois, desde que assumira a "direção das edições e das representações da obra do marido"[165] suas atividades haviam aumentado bastante. É possível imaginar que, entre as mesas espalhadas pelo salão, aquela onde papeiam madame Catulle Mendès e João do Rio, dos mais populares cronistas da época, logo se tornaria o epicentro de salamaleques e reverências. Laurinda dos Santos Lobo, dileta amiga do autor de *A alma encantadora das ruas*, e Nair de Teffé, filha do secretário do Presidente da República, estão presentes. Esta sobressai-se pelo constante sorriso no rosto e a outra, pela extravagância.

A orquestra comandada pelo maestro Levrero inicia os trabalhos tendo à frente a solista Zilah Teixeira de Barros, que entoa a versão musicada de *Booz endormi*, de Victor Hugo. O programa ainda conta com as participações de Cândida Kendall, uma das mais celebradas cantoras líricas da época, e da mulher do consagrado maestro Arthur Napoleão. Antes de servir o chá, João do Rio pede a palavra para o seu número particular e lê um conto de *Dentro da noite*, livro publicado no ano anterior, sobre a história de Carlota, que tanto lembra as trágicas personagens dos "Pequenos contos inúteis" de Jane para o *La Fronde*.[166]

No dia seguinte, em mais uma chamada para a conferência de Jane, o jornal onde João do Rio trabalha, a *Gazeta de Notícias*, publica uma matéria ilustrada com uma foto de Jane à escrivaninha e transcreve as linhas recentemente dedicadas a ela por um jornal argentino, que reconhece o grande êxito alcançado com *Les charmes* e *Le coeur magnifique*, e da sua formação, descrita como tendo algo de novelesco.[167] As influências do pai, "médico e homem de ciências da antiga aristocracia bretã", que a iniciou nos estudos das ciências exatas, a mãe de ascendência espanhola e a governanta, muito devotas que lhe legaram as artes da elegância e a prática religiosa. Havia uma jovem tia, sua madrinha, que "gostava de a entreter nos contos de fadas, exaltando a sua imaginação com essas formosas lendas, despertando nela a sensibilidade, a adivinhação e os sonhos quiméricos".

> Seu nome, ao figurar na lista dos redatores de uma revista ou nas colunas de um periódico, desperta-nos um sentimento de simpatia, pois apreciamos muito justamente as suas qualidades de escritora elegante, ostentando uma delicadeza de estilo notável e uma elevação de espírito sem par, que, se algumas vezes, tocam por uma ironia sutil, são sempre embebidas da bondade, da finura e da amabilidade [...] Casada com o célebre escritor e poeta Catulle Mendès, a jovem poetisa seguiu ao seu lado, em caminho independente, brilhando com luz própria e afirmando uma personalidade indiscutível. Em seu país, madame Catulle Mendès figura entre as mulheres literatas de maior talento. Seus admiradores são numerosos, seus amigos a querem pela sua gentileza risonha, pela nobreza de sua inteligência e de seu caráter.

Júlia Lopes de Almeida e seu marido Filinto tomam um lugar na primeira fila do salão da Associação dos Empregados do Comércio, debruçado sobre a Avenida Central. A escritora brasileira confessa-se decepcionada com o quórum baixo e especialmente com a ausência da colônia francesa, que, segundo Júlia, já fora mais numerosa.[168] O horário de nove da noite é incomum para as conferências, que, no Rio de Janeiro, costumam ser marcadas às quatro da tarde.[169] Uma foto publicada pela revista *O Malho* mostra um salão relativamente cheio, o que talvez demonstre um grau de exigência elevado de Júlia, que aguardara aquele momento com grande expectativa, e a maioria dos jornais lamenta o acanhamento do espaço para a audiência na qual se reconhece o "que há de fino e elegante na nossa sociedade".[170]

O "imenso" calor e o barulho estridente dos automóveis, carros e *auto-omnibus* do lado de fora, mesmo naquele horário noturno, não impedem que a *Gazeta de Notícias* de classificar a palestra como deliciosa. Num vestido "lindo a realçar sua beleza", Jane é interrompida mais de uma vez por calorosos aplausos; numa delas possivelmente logo na abertura, ao confidenciar "a emoção inédita e imprevista que lhe causara o nosso Rio, a poetisa de *Les charmes* disse da beleza das nossas montanhas, da imponência dos nossos rios, da alegria penetrante das nossas mulheres".[171]

Os cronistas não deixam de notar seu jeito gracioso de falar, "reprisando os termos iniciais de seus períodos com certa arte e requinte, aliando à frase a sutileza de um gesto curto e agradável aos olhos de quem a observa. E isso porque, como todas as francesas, ela tem o aprumo da elegância e a fidalguia de um sorriso gentilíssimo...". Para o *Correio da Manhã*, no entanto, o tema da primeira conferência é considerado desinteressante, tem a "neve dos cabelos brancos". Joana D'Arc seria uma personagem batida, e o heroísmo da mulher francesa, amplamente conhecido. "Jane é uma escritora que tem ideias próprias, embora sobre o tema que tratou tais qualidades apenas levemente revelasse... Talvez defeito do assunto e não da conferencista...".[172]

Dessa primeira fala não restou nenhuma transcrição para atestar ou confrontar a opinião do exigente crítico do *Correio da Manhã* – único entre os grandes jornais a não embarcar na paparicação a Jane –, mas o encontro com Júlia Lopes de

Almeida naquela noite no salão da Associação dos Empregados do Comércio dá início a uma amizade duradoura. Em ao menos duas ocasiões durante sua estadia, a conferencista destina palavras carinhosas à escritora brasileira. "É a graça deslumbrante, o sorriso acolhedor e delicioso das mulheres brasileiras, a cultura nobre e valente do seu espírito que tenho o prazer de saudar particularmente na pessoa da senhora Júlia Lopes de Almeida, a quem devo tantas graças e tantos agradecimentos", escreve numa carta endereçada ao *L'Étoile du Sud*.[173] O jornal da colônia francesa é comandado há trinta anos, desde os tempos do imperador, por seu fundador, o *monsieur* Charles Morel.

Era o francês que conheceu o Rio melhor do que qualquer outro naquele momento, o *monsieur* Morel. Mudou-se para a capital do Império brasileiro em 1872 depois de combater na Crimeia e na Guerra Franco-Prussiana. Não teve um começo de vida dos mais fáceis por aqui, pois perdeu uma filha bebê logo em seu primeiro ano na cidade.[174] Inicialmente buscou estabelecer-se como contador e, em seguida, para promover o serviço de representação comercial, fundou um jornal destinado à comunidade francesa. Em 1882, quando fundou a *Revue Commerciale Financière et Maritime*, *monsieur* Morel foi recebido por Pedro II, numa audiência, possivelmente, para falar de sua empreitada de periodicidade quinzenal.[175]

Outra tragédia pessoal marcou o período inicial da publicação, pois, no ano seguinte à fundação, o veterano de duas guerras sangrentas, ao subir num dos antigos bondes de tração animal na Rua da Guarda Velha, atual Treze de Maio, no Centro da cidade, desequilibrou-se, caiu e uma das rodas do veículo passou por sobre a perna esquerda.[176] Os relatos deram conta da enorme resiliência de Morel, que resistiu à dor e foi socorrido no hospital do convento D'Ajuda, logo ao lado da cena do acidente, sendo atendido pelo médico Pereira Guimarães, que lhe amputou o membro dilacerado. Passou a se valer de uma prótese de madeira, mas não desanimou – seguindo em frente com a sua publicação e o seu trabalho de representação comercial – nem perdeu o jeito bem-humorado, sua marca registrada. Por ocasião de seu aniversário em 3 de julho de 1911, um jornalista do *Correio da Manhã* lembrou a troça que Morel fazia a quem o perguntasse como "ia passando pela vida em fora". E dizia: "com um pé aqui e outro no [cemitério do] Caju".[177]

Por conta do tempo dedicado ao jornalismo, é chamado por seus pares de Papa Morel. O burocrático título *Revue Commerciale Financière et Maritime* daria lugar três anos depois do acidente a outro bem mais atraente: *L'Étoile du Sud*. É um nome mais adequado a um jornal capaz de destrinchar as idiossincrasias da sociedade brasileira para um estrangeiro de qualquer nacionalidade que chegasse à cidade sem entender muito bem o português. Escrita em francês, a folha quinzenal traz um resumo bem compreensivo das principais notícias da semana, estatísticas oficiais, às quais os jornais brasileiros nem sempre conferem a devida atenção, como a taxa mensal de mortalidade e natalidade, e artigos de alguns colaboradores, em boa parte franceses que vivem no Brasil.

No fim de outubro de 1906, Morel saúda entusiasmadamente o retorno de uma antiga "*collaboratrice*" [colaboradora], Alice de Chazot, que passara quase uma década fora da cidade.[178] "Sob o pseudônimo A. de Rizza, Mme de Chazot escreveu para grandes jornais da Europa; é autora de diversas poesias cuja graça mereceu atenção de mestres da literatura; entre todos, nós citaremos [seu livro] *Fleurs de neige* [Flores da neve], 'místico canto triste emocionante que nos abocanha o coração e o deixa sangrando'". Ex-cantora lírica, formada em Milão, chegara a conquistar admiradores com sua voz e fazer sucesso em Paris nos anos 1870.*

* A ela, o compositor francês Gaston Serpette dedicou a partitura de "A morte dos amantes", uma das pioneiras adaptações musicadas de poemas de Charles Baudelaire.

Sua reestreia nas páginas do *L'Étoile du Sud* depois de seu retorno chama-se "Le Brésil d'aujourd'hui" [O Brasil de hoje],[179] com dedicatória ao fundador do jornal, no qual canta as reformas de Pereira Passos, sob o impacto de quem vivera num Rio bem diferente, assolado por epidemias e desprovido das largas avenidas. A Beira-Mar, com seus jardins circundando a Baía de Guanabara, a impressiona particularmente, como se lê abaixo em minha própria tradução.

O que haveria de mais imponente e mágico?
Que esses montes do Brasil nas margens do Atlântico

Ao adentrar, o olhar percebe a maravilha
Quem vem nos deslumbrar; reluz à nossa vista

De início os canteiros! Esta avenida imensa!
Do genial Passos a quem louros se apensa!
Não, não se percebe mais o Rio d'outrora,
É o bramido universal que ressoa agora

Ao prelúdio divino das harpas dos sonhos
Vê-se surgir em costas impuras, cais bons

Estrelas reluzem em toda parte a noite
como diamantes. Em granito do monte,
Sob o lindo céu de apoteose e magia
Crê-se ver a bailar, à noitinha, as Valquírias.

Todo o Rio reluz como um astro solar
Antes do límpido e mágico despertar!
Enfim a grande obra de Passos se completa
Fez jorrar água limpa e expurgou a abjeta!

Diante da baía, toda triunfal,
Precisava esse gênio alçar ao ideal!

A todos anunciou seu supremo oráculo!
Nesta terra insalubre, ele foi dadivoso!

Expurgou a epidemia! Ele é um Pedro, o Grande,
É um Haussmann, cujo âmago genial se expande!

Para que sua memória seja perpétua
Erijamos a Passos uma enorme estátua!

Essas são as impressões de uma estrangeira que conhecera o Rio antes das reformas e que, num primeiro momento, fica impactada com a mudança radical. Na introdução a esses versos tão deslumbrados, Charles Morel diz considerar justa a distinção conferida por madame Chazot ao ex-prefeito e por isso o faz sem receio de ser taxado de vendido. Quando naquele 1911 viria a homenagear o primeiro ano da gestão Hermes da Fonseca, publicaria uma enorme foto do presidente da República na capa e a ressalva de que não costuma "render louros aos homens no Poder".[180] Para ajudar a colaboradora, Morel publica anúncio com aquela que certamente seria a principal atividade de madame Chazot, a de tutora. Dá aulas de francês, inglês, italiano, português, além de piano e canto, e segue escrevendo poemas ligeiros, dedicados a visitantes estrangeiros ou até mesmo a acontecimentos marcantes do cotidiano, como a morte pelas forças policiais de dois estudantes de direito simpáticos à causa civilista,* durante a campanha eleitoral que opôs Rui Barbosa e Hermes da Fonseca.

Há no quadro de colaboradores o professor da Mackenzie, Ernest Capéran, correspondente em São Paulo, que saudara o modismo das "turnês oratórias", e Émile Allain, o discreto nome por trás da coluna "Curiosités du Brésil" [Curiosidades sobre o Brasil],[181] anunciada em 1891, e autor de *Rio-de-Janeiro: Quelques données sur la capitale et sur l'administration du Brèsil* [Rio de Janeiro: alguns dados sobre a capital e a administração

* O episódio ocorrido em 22 de setembro de 1909 ficou conhecido como Primavera de Sangue. Joaquim Ribeiro Junqueira e José Araújo Guimarães, assassinados pela polícia, estavam entre os estudantes que faziam um enterro simbólico de Souza Aguiar, prefeito do Distrito Federal até julho daquele ano.

do Brasil] (1886), cuja primeira parte foi publicada em primeira mão no jornal de Morel. Versões resumidas de seus escritos sobre a história da capital brasileira conferem substrato a outro empreendimento de Morel, a série de guias sobre o Rio de Janeiro, inspirados nas pioneiras publicações alemãs do editor Karl Baedeker. Depois de uma edição em 1887 e outra em 1905, o *La ville de Rio-de-Janeiro et ses environs* [A cidade do Rio de Janeiro e seus arredores] chega à terceira edição em 1911, sendo aclamado pela qualidade gráfica – impresso na Suíça – e pela precisão das informações práticas.

O primeiro exemplar da edição de 1911 é entregue a Jane Catulle Mendès, que, agradecida, aceita o convite para jantar ao lado de sua assistente no restaurante do Hotel Avenida com o editor-chefe, sua esposa e seu filho, além do redator do *Jornal do Commercio*, o coronel Ernesto Senna, figura eminente da imprensa carioca, famoso pela coleção de autógrafos. O anfitrião pode ter mencionado uma vez mais a incrível coincidência de ter sido colega de banco escolar do ex-marido de Jane[182] – ambos eram de Bordeaux, nascidos com uma diferença de apenas dois anos – e lamentado a morte trágica e precoce num acidente semelhante ao que sofrera na Rua da Guarda Velha – a atual Avenida 13 de Maio.

Os comensais certamente não poupariam elogios à conferência proferida por Jane na semana anterior e manifestariam curiosidade para saber o que falará na segunda, especialmente Ernesto Senna – afinal, o novo compromisso da conferente será no salão nobre do jornal onde é redator –, mas a convidada preferiria falar do Rio de Janeiro. Se repetisse naquela noite o que escrevera na carta endereçada a Morel, teria iniciado com: "Ah, terra boa! Resumo todas as minhas impressões nesta exclamação, que repito cem vezes por dia".[183] Enquanto degustam a entrada, Jane prosseguiria. "Para ser honesta, só posso falar do que vi, reflexos de um mundo exterior surpreendente, que não pude ainda penetrar, decifrar a alma e o sentimento.

Para isso, é preciso amadurecimento, meditação, o tempo que confere a todas as coisas o seu valor imemorial".

Chama atenção da visitante as cores vivas da natureza, a flora miraculosa vestida de esmeraldas, com seus verdes profundos ou leves, salpicada de púrpura. As enormes palmeiras imperiais da Rua Paissandu, colada ao Hotel dos Estrangeiros, lembram colunas de "pórticos desmesurados". Na carta que me inspiro para imaginar o diálogo ocorrido no jantar, Jane lembra uma cena pitoresca ocorrida alguns dias antes quando fora ao Jardim Botânico. Ao passarem por uma bananeira, um dos integrantes do grupo chama a poeta de lado para mostrar o que acontece ao se fazer um talho no caule da árvore. Jorra uma seiva em quantidade suficiente para encher o cálice improvisado com a folha da bananeira enrolada no formato de um cone. "Depois, de repente, um pássaro escarlate atravessou a flora intensa e vibrante, como o insaciável coração alado da floresta", descreve ainda impactada pelas imagens de sua memória. "Seriam necessárias numerosas páginas e todas as palavras que se conhece, e todas aquelas que ainda não se conhece, para descrever o que se encontra aqui."[184]

A visitante agradece mais uma vez pelo guia que *monsieur* Morel mandara entregar no Hotel dos Estrangeiros. "Encontra-se tudo – as dicas práticas em seus mínimos detalhes, com as mais claras explicações e a mais rigorosa exatidão, assim como a história, as lendas, as características do país", elogia Jane, já degustando o prato principal do jantar. "Aprende-se não somente a se locomover com precisão nesta terra de maravilhas, a visitá-la com ordem e sem omissões, como também a melhor admirá-la, penetrá-la, conhecê-la, a amá-la mais intimamente.".

Dificilmente madame Catulle Mendès conseguiria escapar à curiosidade dos comensais em relação à próxima conferência e, antes da sobremesa, quem sabe, teria citado o mote inicial da oratória que apresentaria dali a alguns dias no salão tinindo de novo do *Jornal do Commercio*: "Há inúmeras parisienses que não são de Paris". Seria o sorriso cativante uma característica comum entre suas conterrâneas e as cariocas?

Antes de se despedirem, o coronel Ernesto Senna não esqueceria por nada de pegar mais um autógrafo para sua famosa coleção, que tem até mesmo a assinatura de Solano López, o ditador paraguaio. Jane e Mathilde voltam para o Hotel dos Estrangeiros. Madame Morel fica curiosa com a palhinha da conferência e não a perderá por nada.

Um olho nos palácios e outro nos céus

Jean Cocteau, nome em ascensão das letras francesas que comparecera ao velório de Abraham, consagrou a madame Catulle Mendès um espaço nobre no número inaugural de *Shéhérazade*, revista dedicada às artes, idealizada por ele. O poema de Jane, homônimo à publicação de Cocteau, abria a revista, como uma espécie de carta de intenção. Dedicado à amiga Aurel, autora do ensaio *Comment les femmes deviennent écrivains* [Como as mulheres se tornam escritoras],* os versos interpelam a todo instante a personagem de *As mil e uma noites* como em busca de algum estímulo. Ao longo das 21 estrofes, reflete sobre a condição da mulher escritora e, especialmente, sobre si própria, que convivia há tanto tempo com os rótulos impostos pelos homens e conclama Shéhérazade a explicar-lhes, sem muita esperança, de que mesmo a maior contadora de histórias de todos os tempos, se fará ouvida.[185]

> Diga-lhos com perversidade,
> Ou ainda ingênua e honesta,
> Toda a graciosa verdade
> Da mulher indefesa e casta.

---

* Aurel é o pseudônimo de Aurélie de Faucamberge, que publicou, em 1907, *Comment les femmes deviennent écrivains*. Segundo Prin-Conti (2019), trata-se de "um texto curto no qual ela busca desenhar os contornos de uma Literatura feminina possível".

Conta, reconta, se te apraz
O peito arde, a carne cingida!
Nem que fales tal capataz
Tu jamais serás compreendida;

Em retribuição ao convite, Jane solicita alguns poemas inéditos de Cocteau, para incluir numa nova conferência a ser apresentada em primeira mão no Teatro Femina, na Champs-Élysées, e batizada "A parisiense".[186] Não é possível afirmar se repetiu exatamente o mesmo roteiro no Rio, mas, caso assim o tenha feito, madame Catulle Mendès terá sido a responsável por introduzir a plateia carioca à obra poética do futuro surrealista. Não tardaria, de todo modo, para o público carioca ter contato com Cocteau. Em 1913, uma das récitas do Balé Russo, no Municipal carioca, com o dançarino Vaslav Nijinsky, *Le dieu bleu*, era de sua autoria.

• • •

No dia 12 de outubro, Jane profere "A parisiense" no salão do *Jornal do Commercio*, já instalado no prédio de imponente torreão na esquina da Avenida Central. Uma amostra de sua fala chegou até os dias de hoje por um caminho improvável. Graças aos pedidos dos passageiros a bordo do *Araguaya*, na travessia transatlântica da Europa para a América do Sul, a poeta aceita fazer uma espécie de ensaio. As mulheres de Paris, sustenta a conferencista, são frequentemente caluniadas por duas características marcantes: parecem estar sempre a sorrir e se preocupam excessivamente com os seus vestidos. Desfazer tal imagem enganosa, fruto de séculos de discursos preconceituosos, elaborada especialmente por alguns filósofos, é o que Jane Catulle Mendès se propõe logo no início da palavra aos tripulantes do paquete, em algum lugar do Atlântico, iniciada da seguinte forma:

> Senhoras, senhoritas, senhores... Pediram-me que, para vos distrair, eu fizesse uma conferência. Foi uma lembrança amável e gentil para mim; mas foi também uma lembrança bastante arriscada, porque nada é menos divertido que uma conferência. Depois, eu me sinto um pouco doente do enjoo de bordo. Fosse como fosse, entretanto, não quis recusar um pedido tão delicado e eis-me aqui; tranquilizai-vos, porém, tranquilizai-vos: eu não farei uma conferência, sim apenas uma ligeira palestra. E vos falarei, vos direi algumas palavras sobre um assunto que penso conhecer – a parisiense. Porque há, não é verdade? – nós o sentimos bem sem que sejam necessárias grandes explicações – uma diferença muito notável entre qualquer mulher, seja ela a mais admirável, e uma parisiense. Apressemo-nos em dizer, de resto, que há inúmeras parisienses que não são de Paris e que, no que essa palavra deve expressar de elegância, de bom gosto e de encanto, todas as encantadoras mulheres que me ouvem são parisienses.[187]

Depois de conquistar a simpatia das mulheres a bordo com essa definição alargada do parisianismo, Jane envereda por argumentos que justificam o sorriso fácil e a afeição de suas conterrâneas pela moda, numa linha de raciocínio que se inicia com Valmique, poeta a quem se atribui o poema épico em sânscrito "Ramayana", e chega a Victor Hugo com um conselho a este atribuído: "Professar a boa graça e a alegria, que tornam encantadora a virtude". Com o álibi do autor de *Os miseráveis*, Jane recorre a algumas frases de efeito – "o sorriso das parisienses não é somente a graça, é algumas vezes... o heroísmo da graça" e "Para nós, 'nossa plumagem é inseparável de nossa ramagem', ela deve sê-lo também da imagem que se costuma fazer de nossa pessoa". Este último ecoa o feminismo praticado por sua antiga chefe no jornal *La Fronde*, Marguerite Durand, para quem o charme devia ser usado como um recurso na luta das mulheres por mais espaço.

E reprisa os termos iniciais "com certa arte e certo requinte" ao explicar sua insistência em falar sobre os vestidos:

> Eu dissera, eu dissera que não me estenderia sobre a toilette parisiense e eis que, a contragosto, não acabo de falar dela. Mas, é bem difícil para quando se aborda esse assunto encantador e inesgotável. É um pouco como quando se vai à costureira, com a intenção de lá não demorar mais de uma hora e de não encomendar senão um vestido. Encomendam-se três ou quatro *robes* [vestidos], dois ou três *manteaux* [mantas], seis ou sete echarpes, sem contar os peitilhos, as sombrinhas, etc., e a casa não é abandonada senão no momento de fechar-se.

Superado o segundo compromisso oficial, Jane Catulle Mendès intensifica a agenda social. Depois de comparecer à solenidade na Sociedade de Geografia do Rio de Janeiro, que lhe confere o título de sócia-correspondente da instituição presidida pelo nonagenário Marquês de Paranaguá – é uma das primeiras mulheres a adentrar o ambiente quase exclusivamente masculino –, Jane visita a Biblioteca Nacional. Desde a mudança para o novo prédio, o templo do saber torna-se mais acessível, pois, além de contar com instalações adequadas, os livros estão sistematizados de acordo com padrões modernos, resultado do trabalho de seu diretor Cícero Peregrino da Silva.

Jane é uma das 5.540 visitantes da Biblioteca Nacional naquele outubro de 1911.[188] O próprio diretor guia a poeta pelos andares, seguindo o roteiro reservado a visitantes ilustres, semelhante ao que Júlia Lopes de Almeida fizera um ano antes, por ocasião da inauguração do novo prédio. Conhecera de perto do porão, com sua oficina tipográfica e de encadernação, a sala dos motores elétricos e as galerias nobres nos andares superiores. O edifício, além de belo, escrevera Júlia depois de conhecê-lo, atestava a quem o visitasse "a nossa cultura e o nosso interesse espiritual", "contava com móveis simples, práticos, sólidos, bem pensados e bem executados!".[189]

Júlia surpreendera-se com o luxo da sala de leitura decorada por obras de Rodolpho Amoedo, Eliseu Visconti e Modesto Brocos, e, chegando ao armazém de livros no último andar, ao olhar para baixo, suspirara.

> É ali que palpita a alma que anima toda a casa, verdadeiro templo consagrado ao pensamento humano, glória da criação. Eleva-se desse recinto qualquer coisa que nos sensibiliza; ele é mudo e afigura-se nos cheios de vozes; de todos aqueles armários verdes-negros, alinhados como túmulos, se irradia uma expressão de doçura e de consolação. São os velhos irmãos de séculos passados, são os de hoje, são os de todos os tempos que nos envolvem com a sua filosofia, a sua sabedoria, ou a sua ilusão... Não se entra nem se sai da Biblioteca como de uma casa qualquer; entra-se só, sai-se acompanhado por uma enorme sombra do passado ou pelo fulgor de uma ideia nova.[190]

A poeta francesa aplaudiria o que a amiga carioca escrevera, mas, no entanto, o que a deixa baratinada é a conjunção das estantes com a beleza natural que se descortina das janelas do edifício erguido entre o mar e a montanha – o Morro do Castelo fica bem nos fundos.[191] Ficaria orgulhosa de saber que, depois do português, o idioma mais lido nas mesas é o francês, com um volume de obras consultadas quase dez vezes maior, em média, do que o das obras em inglês.[192] Ao parar para descansar na sala das conferências, Jane demonstra que já está se familiarizando com a língua portuguesa. Depois de expor "com alegria a magnífica expressão que recebera da beleza, conforto, organização e serviço da cidade dos livros", um funcionário diz em português: "Madame Catulle Mendès não é somente uma brilhante escritora é também uma bela mulher", ao que o outro responde que ela não entende o idioma.

Madame acha graça e intervém em francês: "Obrigado, senhor. Há coisas que as mulheres entendem em todas as línguas".[193]

Quatro dias depois da biblioteca, Jane conhece um outro palácio, não dedicado aos livros, mas à política. É recebida, no Catete, pelo presidente Hermes da Fonseca numa audiência à tarde,[194] na qual possivelmente o convida oficialmente para ir à última das três conferências. Está marcada para o Theatro Municipal no dia 24 de outubro. O convite é aceito e logo em seguida anuncia-se que o presidente estará presente. É o compromisso mais solene e, também, o que conta com divulgação maciça não apenas em notinhas, mas também em anúncios que informam o tema – "Les femmes de lettres Françaises" – e o local onde os ingressos estão à venda, a confeitaria Castelões, um dos pontos mais concorridos da Avenida Central, para onde se acorre para tomar sorvete e fazer o *flirt*.* Na antevéspera da conferência, *O Paiz* publica os primeiros poemas de Jane sobre o Rio de Janeiro, quatro sonetos[195]: "Matin", que em *La ville merveilleuse* seria publicado com o título "Salut", "Crépuscule", "Nocturne" e "Adieu". Nos textos, Jane recorre a pedras preciosas para descrever as cores exuberantes da "cidade eterna", do "Rio doce e fogoso", "majestoso", "secreto" e "soberbo". Descreve, desta vez em poesia, o cair da noite, que tanto a impressionara na chegada.

> Lá no fundo da penumbra em que o som se encerra,
> A cidade que se acende repete o céu,
> E a montanha tira o seu branco solidéu
> Une os astros lá de cima aos astros da terra.

E no terceto derradeiro confere um tom mitológico ao imaginar um fauno à sombra de uma bananeira, encurralado por um cupido.

---

* Hábito surgido com a inauguração da Avenida Central, que compreende em caminhar de um lado para o outro na avenida na expectativa dos olhares de terceiros.

Vá, ó, fauno ligeiro, escapou do antigo mato,
E, ante uma bananeira, sob as palmas frágeis,
O ávido Amor arma docemente seu arco.

Quem lê os quatro poemas publicados por *O Paiz* no dia 22 de outubro mal tem tempo de se admirar do lirismo dos textos, pois uma notícia espetacular circula rapidamente. Um conterrâneo de Jane, chegado no Rio havia algumas semanas, disposto a conquistar os ares com seu monoplano, cumprirá o que prometera quando se inscreveu no concurso promovido pelo jornal *A Noite*. Apesar da chuva incessante desde as primeiras horas daquele dia, o aeronauta Edmond Plauchut repetirá no Rio o feito de Santos Dumont em Paris. No lugar do Campo de Marte, Plauchut sobrevoará a Baía de Guanabara em seu *Blériot*, num acontecimento que marcará o imaginário da cidade.

A fila na barca da Companhia Cantareira, nas primeiras horas da madrugada daquele mesmo dia 22, dando tantas voltas, é o indício da magnitude do que está por acontecer.[196] Mesmo a garoa insistente não desanima as damas e os cavalheiros que aguardam para embarcar com destino à Ilha do Governador, onde está prevista a aterrissagem, na Praia do Zumbi. O mar de chapéus some debaixo das sombrinhas e guarda-chuvas aos primeiros pingos em coreografia não ensaiada, porém necessária para evitar que as longas saias se tornem um fardo ensopado pela chuva fina. Basta estiar para que a proteção ceda lugar a jornais e revistas que, não apenas ajudam a passar o tempo, como vale de antídoto para os céticos.

Os bondes abarrotados trazem famílias dos bairros distantes do subúrbio da Central do Brasil e outros partem dos bairros oceânicos com destino ao Centro. O feito coloca à prova a infraestrutura de serviços públicos da remodelada capital federal, com seus trezentos quilômetros de linhas de trens urbanos.

Voar, arte recente que tem como seus artífices homens obstinados, entendidos de engenharia e mecânica, alçados à condição de heróis nacionais e ao estrelato em velocidade tão estonteante quanto à de suas próprias máquinas – Alberto Santos Dumont que o diga. Os chamados "raids aéreos" atraem a atenção de patrocinadores dispostos a bancar premiações vultosas ao homem que percorrer determinado trajeto no menor tempo. Há entre os competidores dessas disputas aéreas a satisfação do dever cumprido, semelhante à do cientista ou do empreendedor em busca de inovação. As estimulantes recompensas em dinheiro encorajam pilotos a se arriscarem em máquinas ainda em desenvolvimento, que não raramente apresentam imprevistos mecânicos.

Promovido pelo recém-fundado *A Noite*, periódico de Irineu Marinho, como uma inédita ação de merchandising, o voo de Plauchut significa mais um atestado de modernidade. Poucas cidades no mundo nessa primeira década do século tinham tido o privilégio de assistir o homem voar. A população acompanhara com certa apreensão a mudança no local da decolagem, prevista inicialmente para um descampado na Ponta do Caju. Na exibição, Plauchut viu sua pista se transformar num charco com a chuva que castigara a cidade nos dias que antecederam aquele momento histórico. Os organizadores recorrem ao prefeito, o general Bento Ribeiro, para pedir autorização para a mudança de última hora do local da decolagem para o mais espetacular que poderia haver em todo o Rio: a Avenida Central.

Plauchut partirá em seu *Blériot* da cabeceira norte da via em direção à baia e, quem sabe, aos céus.

A avenida está especialmente enfeitada com bandeiras naquela manhã de outubro. As janelas do Liceu Literário Português amanhecem decoradas com pompa para receber as autoridades da República. O camarote presidencial se distingue dos demais pela rica cortina adamascada que a enfeita. Dali se avista a banda do Corpo de Bombeiros, comandada por Albertino Pimentel, sucessor de Anacleto de Medeiros, e o grande movimento de curiosos. Belisário Távora, o chefe da polícia, vê-se obrigado a solicitar o reforço de cem homens da guarda montada para conter a multidão inquieta que, por mais de uma vez, invade a pista de decolagem enquanto o aviador se prepara.

Do Passeio Público ao Pavilhão Mourisco, toda a balaustrada da Avenida Beira-Mar está tomada. Os morros do Pinto, da Conceição, da Favela e da Providência, o Cais da Glória, a Ponta do Caju, a Lapa, a cidade volta os olhos e os corações para o céu. "Os passageiros dos paquetes, ainda em vestes matinais, embrulhados em capote, correram para as amuradas. A bordo dos navios de guerra, oficiais e marinheiros aglomeravam-se na proa e na popa, de cabeça para o ar. Ouvia-se palmas e aclamações estrepitosas".[197]

Paulino e Alberto Botelho, dupla pioneira e incansável de cineastas, tomam seus lugares para a cobertura de mais um grande acontecimento.

> *A Noite* contratou com os hábeis operadores irmãos Botelho a fatura de uma fita com a partida e a chegada de Plauchut. Se puder ficar pronta hoje, hoje mesmo será ela exibida ao público em frente ao nosso escritório. O conhecido e progressista Cinema Pathé, o melhor e o mais frequentado dos nossos cinematógrafos, também pretende exibir hoje essa emocionante fita aos seus frequentadores.[198]

O aviador francês é facilmente reconhecido pelo figurino moderno. Veste colete de brim a combinar com as botas brancas e boné de caxemira. Numa das mãos segura o cronômetro e na outra os óculos de aviador e o par de luvas de camurça. Na hora prevista para a decolagem, a chuva fina aperta ainda mais, mas agora é tarde para voltar atrás. "O monoplano continuava amarrado ao último poste da avenida. Plauchut colocou os óculos de malacacheta, vestiu a blusa acolchoada, envolveu-se [em] um *cache-nez*, trocou o boné de caxemira por um capacete de couro e cortiça e subiu no aparelho", descreve o jornal. "Começaram a funcionar os operadores de cinematografia e os fotógrafos. O mecânico acionou a pá da hélice e o motor, pronto, seguro, trepidou no ciclone das suas 0,200 rotações, espadanando a água do asfalto: 50 h.p. em ação."

Descrente, o público não entende muito bem como aquele "pássaro de rodas" vai ganhar altura e acha graça dos homens destacados para segurar a cauda do monoplano que os faz "sambar" ao sabor da potência do motor. A chuva não dá trégua, e alguns pressentem o pior. Passados alguns segundos, o ás da aviação dá o sinal.

> Os homens que seguravam o aparelho largaram a um tempo. Livre o aeroplano arrancou numa corrida, a caminho do cais. Na multidão houve um silêncio enorme. Todos os olhos estavam presos no estranho pássaro de rodas que corria com cauda levantada, de asas abertas. Todos os olhos estavam surpresos naquele engenho criado pela audácia do cérebro humano. Subiria mesmo? A corrida foi de pouco mais de cem metros. O aeroplano, como se tivesse dado um pulo, ficou no ar. Subiu! Voava! E sempre em linha reta o aparelho de Plauchut seguiu a caminho da bruma, por entre a chuva que só então começou a rarear. As aclamações, na Praça Mauá, passado o estupor de espanto do primeiro momento, reboaram intensas. O nome de Plauchut era aclamado com entusiasmo. As três muralhas humanas que assistiram à saída desfizeram-se num grande bolo que corria por toda a extensa praça, a caminho do cais. O cais, no ponto por onde Plauchut passou, ficou num instante negro de gente.

E o homem voa sobre a Baía de Guanabara. O percurso de cerca de doze quilômetros é vencido em oito minutos, numa média de impressionantes 90 km/h. A poucos metros da linha de chegada do desafio, o *Blériot* despenca sobre as águas no litoral da Ilha do Governador. Plauchut sobrevive com ferimentos e, por não ter chegado exatamente ao fim do percurso, não me foi possível descobrir se recebeu ou não a premiação prometida como recompensa.

Ainda impactado pela ascensão e queda espetaculares, o prefeito Bento Ribeiro vai, dois dias depois, ao Municipal assistir à última conferência de madame Catulle Mendès.* O presidente da República, ministros de Estado, militares, diplomatas e outras autoridades se fazem presentes. "Sr. Presidente, minhas senhoras e meus senhores, não sei na verdade como agradecer-vos o amável, o inesquecível, acolhimento que me dispensais", inicia em francês. A lista de agradecimentos fará uma especial distinção à imprensa, "que me distinguiu muito além dos meus méritos, cobrindo-me de elogios, que me tratou, não como uma irritante estrangeira, mas com toda a delicadeza e dedicação que se concedem a uma verdadeira amiga".[199]

Antes de entrar no assunto da palestra, Jane diz considerar o Brasil "o país** da maior cordialidade, da mais suntuosa hospitalidade" e que "pela meiguice do seu clima, pelo esplendor dos seus movimentados horizontes, pela meiguice dos seus ritmos marinhos, pelo sorriso do seu sol luminoso como os mais belos sonhos que temos,*** parece também que todo o vosso país quis cumular-me das mais grandiosas e mais encantadoras surpresas, dos mais magníficos deslumbramentos".

O recorte de "Las femmes des lettres Françaises" se ateve à poesia. Jane logo coloca o tema de sua investigação: "como foi que as mulheres da França, e sem dúvida em toda a parte, se fizeram poetas?". O questionamento me parece estabelecer um diálogo com o ensaio de Aurel, a quem dedicara o poema

---

* Foi a única das três palestras preservada na íntegra, numa versão já traduzida para o português e publicada dezesseis dias depois pelo *Jornal do Commercio*.

** Traduziu-se *pays* como "país" quando poderia estar, na verdade, referindo-se à terra no sentido da paisagem ou domínio.

*** Troquei "sonhos que fazemos" por "sonhos que temos".

"Shéhérazade" na revista de Cocteau. Procurando tal resposta, a conferencista divaga sobre a própria natureza da poesia, feita por mulheres ou não.

> Nos verdadeiros poetas, ela [a poesia] tem as suas raízes nas meditações ancestrais da nossa raça, resume harmoniosamente as aspirações do passado mais primitivo, bem como percebe as do mais remoto porvir. E a poesia digna de si mesma não deve assemelhar-se com as ervas que na primavera brotam à toa do solo, mas sim à flor desta árvore que dizem não floresce senão de cem em cem anos, à flor fabulosa que em si encerra toda a sorte de sua espécie, na rara fragilidade dourada do seu pólen e do seu pistilo.

Questiona-se, então, qual seria a mulher que "parece sempre dissimular-se sob os aspectos das toilettes frívolas, dos chapéus mais ou menos extravagantes, mesmo dos carmins e dos pós de arroz que se estendem sobre a emoção dos semblantes como véus transparentes das mulheres orientais".

E, uma vez mais, no palco do Theatro Municipal, reprisa os termos iniciais do raciocínio:

> – Para os poetas, para os poetas, as mulheres são sempre anjos ou demônios. São Beatriz, Eloá, Graziella ou as mulheres malditas de Baudelaire. Brancas ou negras, temos sempre asas, ou então usamos ondulantes túnicas de musas que por seu turno têm também aparências de asas que pairam, que palpitam. Tudo isso é delicioso, delicioso, mas afinal não se trata senão de um papel, e que é o mais velho dos papéis que podemos representar. Não é entretanto nesse ideal que podemos descobrir a verdade palpitante do coração feminino. Quanto àqueles que não sentem a necessidade de nos idealizar, esses adotaram ao contrário para um grande número a definição de que a mulher é um ente de "cabelos longos e ideias curtas". E como se essa proposição estivesse à altura de todas

> as inteligências, especialmente, das mais medíocres, foi a que mais vezes se adotou. Consultemos, porém, personalidades cujas opiniões são baseadas, não nas suaves quimeras dos poetas, ou no espírito fácil dos cronistas que tão pouco espírito possuem, mas sim em raciocínios mais precisos e graves.[200]

Depois do preâmbulo destruidor de qualquer preconceito, inclusive o de raça, ao incluir as negras em seu discurso, Jane ainda tece considerações quanto à diferença entre homens e mulheres em aspectos biológicos. Afirma mesmo que os cinco sentidos das mulheres poderiam até ser menos refinados que o dos homens – *o que quer que isso queira dizer* – e toma emprestado ao historiador Jules Michelet* a ponderação: se os nervos do movimento são fracos nas mulheres, o que as tornaria inaptas a carregar fardos, os nervos da sensibilidade seriam extremamente desenvolvidos nelas, o que as habilitaria não somente a todas as sensações emotivas, mas também à presciência. "Daí os dons que fizeram as sibilas, as profetisas, as visionárias de todos os tempos e todos os países, e um pouco também as poetisas", completa.

Michelet aparece tanto para auxiliar na argumentação quanto para contrapor, novamente, assim como fizera em "A parisiense", os filósofos, cujo espírito seria como "um crivo, um filtro", pois "fazem passar todos os sentimentos humanos, e em que, podemos dizer, eles os esterilizam, despojando-os de sua vida, do seu movimento, de sua bela abundância e também dos seus defeitos, do seu necessário supérfluo". Por menosprezarem a mulher, eles são novamente alvos da ironia da conferente – "pensam ter surpreendido o segredo da natureza porque dissecaram borboletas, ou reconstruíram o esqueleto do *anthropopithecus*". Madame Catulle Mendès

* Historiador, autor de *Histoire de France* [História da França], obra compreendida por dezenove volumes e que levou mais de trinta anos para ser concluída.

saúda Nietzsche,* "o mais genial de todos", e concede indulgência, desta vez, apesar das "insuportáveis pretensões donjuanescas", a Stendhal.

> Se por um lado ele rebaixa a mulher de sua época, preconiza e prevê, ao menos para o futuro, um feminismo inesperado e extraordinário. Diz ele que a colocação das mulheres EM PERFEITA IGUALDADE com os homens seria o testemunho mais certo da civilização, que elas duplicaram as forças intelectuais do gênero humano e as suas possibilidades de ventura.[201]

Não poupa, no entanto, Schopenhauer, a quem considera o "pior inimigo das mulheres". Além de as descrever de modo "pouco estético" e "caricatural", Schopenhauer, nas palavras de Jane, as considera "fúteis, pueris, obtusas de inteligência", dotadas de uma "astúcia instintiva, uma invencível tendência para a mentira, para a falsidade, para a infidelidade, para a traição, para a ingratidão, etc." e vítimas de uma "miopia" que, novamente na citação da francesa ao filósofo, "nos deixa ver penetrantemente as coisas próximas, mas nos limita o horizonte e nos impede de ver tudo quanto está longe, seja para trás seja para a frente de nós".

> Entretanto, a sua severidade e a sua misoginia têm uma desculpa valiosa – a de haver tido ele uma mãe de conduta repreensível. É um desgosto de criança que os homens jamais perdoam e de que em geral se vingam porque não podem consolar-se dessa desdita pela qual continuam a sofrer e a fazer sofrer os outros durante toda a sua existência. A par dessas desoladoras e odiosas afirmações, Schopenhauer vai atribuir às mulheres, no seu célebre livro *A metafísica do amor*, admiráveis e essenciais qualidades psíquicas que se relacionam com a alma, com as faculdades morais. Evidentemente essas qualidades, ele as empresta não por espírito de justiça nem por necessária

---

* A citação a Nietzsche no Brasil ainda era algo raro, como se pode depreender de uma breve pesquisa na Hemeroteca da Biblioteca Nacional.

> sinceridade, mas porque delas precisa para arquitetar o seu famoso sistema do "gênio da espécie" [...] ao passo que o homem é quase unicamente atraído para a mulher pelos dons de beleza física, nós outras, ao contrário, temos a superioridade moral de ser atraídas para um homem pelas virtudes do coração ou de caráter, por uma vontade firme, pela coragem, pela retidão, pela bondade que porventura nele existam.[202]

Jane apenas perdoa Schopenhauer por ter sido ele a grande influência para Wagner compor *Tristão e Isolda*.

Com a plateia no Municipal já completamente envolvida pela argumentação e absorta pelo vasto repertório, antes de adentrar o tema central das literatas, a conferencista faz mais um preâmbulo para reverenciar Madame de Staël, filha de um banqueiro que se tornaria ministro das finanças de Luís XVI, que desde tenra idade acompanhava as conversas dos adultos. Depois de casar e se tornar a Baronesa de Staël, lançara seu romance de estreia – *Sophie et les sentiments secrets* [Sofia e os sentimentos secretos] – e abrira as portas de sua residência na Rue de Bac à sociedade. Seu salão político-literário, onde fervilhavam os ideais republicanos, se tornara influente a ponto de incomodar Napoleão. Alcançando os tempos contemporâneos, são chamadas à baila Marcelle Tinayre, sua colega de *La Fronde* de "talento erudito e consciencioso", Colette Willy com sua "nervosidade maleável, felina, imaginosa e vagabunda", Gérard d'Honville e Annie de Pène, amiga que fora se despedir de Jane antes da viagem ao Rio e que a impressionava pela semelhança com madame Récamier.

Chega-se, então, às poetas francesas, que são divididas em duas categorias: as instintivas, que se distinguem pela sinceridade e pela ingenuidade, e as eruditas, "para quem a poesia será um jogo de espírito, uma justa de graça e elegância". "E raramente estas duas qualidades se confundem. À parte algumas exceções, isto não se encontra facilmente nos tempos modernos e na antiguidade apenas na pessoa de Sapho", vaticina. Jane então compara poemas que descrevem a desilusão amorosa de dois autores, sendo um de uma mulher, Marceline Desbordes-Valmore, de trágica trajetória* e poesia ardente, e outro de um homem, Alfred Musset, traído pela escritora George Sand. "Como Musset, ela [Marceline] voltou aos lugares onde fora amada. Mas nenhum alvo sobrevive no seu coração terno e altivo. Apenas a melancolia e a mais doce das doçuras se evocam da sua alma encantadora".

Jane apresenta outros dois poemas de Marceline, que teria entusiasmado "todos os grandes poetas, Victor Hugo, Banville, Baudelaire e todos os homens de letras da época", cita oito autoras contemporâneas de poesia.[203] As brasileiras leitoras de *Femina* podem ter se recordado, nesse momento, daquela montagem que exibia parte dos nomes mencionados na ribalta carioca. Por fim, exalta a condessa Anne de Noailles, a quem considera "incontestavelmente a maior poetisa de nossa época" e, para sustentar sua opinião, lê desta última "L'adolescence" [A adolescência] e "La détresse" [A aflição].

Encerra sua fala com uma deferência às literatas brasileiras.

> Primeiramente a madame Lopes de Almeida, a quem devo tantas finezas e cujas conversações me revelaram uma inteligência tão alta e tão terna. Depois, madame Julia Cortines, que, segundo me dizem, se parece com madame Akermann, tendo entretanto mais tocante graça e mais humanidade. Zalina Rolim e Narcisa Amalia, cujos nomes pronuncio bem mal pelo que peço desculpas, de quem acolho com alegria a fama, sem perder a esperança de que traduções me permitam aplaudi-las com um grande ardor sincero. E que estes nomes

* Seu pai, informou Jane, pintava ornamentos de igreja. Vendo a demanda minguar depois da Revolução Francesa, mudou-se com a família – Marceline tinha 14 anos – para Guadalupe, onde chegaram em meio a uma revolta de escravizados. Os parentes que lhe abrigariam estavam em fuga, sua mãe contraiu febre amarela e morreu e ela voltou para a França.

que vos são caros sejam, entre nós, como um símbolo feliz, encantador presságio, símbolo e presságio de uma união cada vez mais íntima, mais profunda entre os nossos dois países.

Não seria exagero imaginar, nesse momento, uma ovação em cena aberta, acompanhada de um "adeus", pronunciado em bom português mesmo.

Chega-se a anunciar sua partida para dali a uma semana,[204] mas ela ainda permaneceria no Brasil por seis semanas, passando aqui o restinho de outubro, novembro inteiro e os seis primeiros dias de dezembro. Quem disse que ela queria ir embora?

Um "punhado de lama" antes de partir

Os primeiros acordes entoados pela formação de violino e piano são familiares aos ouvidos de Jane Catulle Mendès, que, dois dias depois da conferência no Theatro Municipal, está de volta ao *five o'clock* do Club dos Diários. "O cisne", de Saint-Saëns, é a música de abertura do programa. Quem passasse pela Rua do Passeio naquele fim de tarde e acaso escutasse as notas precisas do trecho de *O carnaval dos animais* seria incapaz de dizer que a solista nas cordas seja uma criança de 10 anos, a graciosa Dora Soares, filha do cônsul da Bolívia.[205] Ainda participa de mais duas músicas ao lado da pianista Lucilia de Mello, entre elas, "Romance", do veterano maestro brasileiro Arthur Napoleão.

Num determinado momento, um grupo de senhoras deixa o salão nobre e se dirige ao pavimento superior do prédio para ver de perto a mais recente aquisição da galeria do Clube dos Diários. Trata-se de um nu artístico do retratista Richard Hall. Em seu estúdio parisiense, *monsieur* Richard Hall se notabilizara pelos retratos da alta sociedade francesa, chamando atenção dos *socialites* norte-americanos – em 1902, fora a Nova York a convite dos Vanderbilt. Está no Rio desde o início de julho. Hall havia chegado para inaugurar uma exposição na Escola Nacional de Belas Artes (hoje Museu Nacional de Belas Artes), defronte ao Municipal. Quando o grupo de senhoras chega, depara-se com Jane e pede que ela declame algum poema seu. "Madame Catulle Mendès apenas em parte atendeu ao pedido: consentiu em recitar, mas modestamente se recusou a dizer coisa sua. Recitou Sully Prudhomme."[206]

Na cidade há praticamente um mês, madame Catulle Mendès já está tão entrosada nas reuniões mundanas, que se torna personagem incontornável da vida social carioca. Peregrina por ao menos três salões literários, onde declama tanto Sully Prudhomme quanto Paul Verlaine. Na Rua Barão de Itambi, em Botafogo, é recebida pelo casal Fernando Guerra Duval e Stella de Guerra Duval, e reencontra algumas das cantoras que se apresentaram no Club dos Diários, além de Cândida Kendall.[207] Ouve outras composições às quais estava habituada nas *soirées* parisienses, mas também conhece sonoridades brasileiras e latinas de Arthur Napoleão e Carlos de Carvalho, especialmente na noite em que é recebida em Santa Teresa por German Elizalde, secretário da legação argentina que também é maestro.[208]

Sua presença constante e nada discreta não escapa ao olhar do grande cronista daquele agitado ano de 1911, um jovenzinho de tradicional família pernambucana, que, depois de uma temporada de aperfeiçoamento em Paris, se estabelecera havia quase um ano no Rio. Emílio Cardoso Ayres entrosara-se rapidamente nos círculos sociais e passara a publicar seus desenhos na coluna "Figuras e figurinos", da revista *Fon-Fon*, onde uma outra igualmente jovem artista do traço também despontava, Rian. Era este o pseudônimo da sempre sorridente Nair de Teffé, que se tornaria a mais jovem primeira-dama do Brasil em todos os tempos, ao se casar com Hermes da Fonseca, no exercício de seu mandato, após a morte de Orsina.

Emílio Cardoso Ayres se distingue pelos atentos olhos verdes, seus ternos bem-cortados e os sapatos de salto carrapeta, estratégicos para disfarçar a baixa estatura. Fala, além do português e do francês, o inglês e o italiano, dos quais se vale para conversar com os visitantes estrangeiros, mas, na maior parte do tempo, prefere a discrição. E, assim, faz os seus rabiscos. Sem ter de se arriscar nas alturas dos voos de Plauchut, Emílio Cardoso Ayres precisa somente do seu lápis para causar enorme *frisson* ao revelar, de uma só vez, o que tanto desenhara ao longo dos últimos meses. As mais de cinquenta caricaturas estão dispostas na parede do atelier do fotógrafo Silvio Bevilacqua, no 4º andar do edifício da Associação dos Empregados no Comércio, naquela que é sua primeira e única individual. O acanhadíssimo espaço abre-se ao público no dia 11 de setembro.

A capacidade reduzidíssima somada ao período de visitação de apenas três horas – entre quatro da tarde e sete da noite – não é a única causa das filas intermináveis para ver os desenhos de um iniciante. Os principais jornais contribuem com resenhas elogiosas, cronistas consagrados correm para ver as criações e inevitavelmente se reconhecem em meio aos *portrait-charges*. Em sua coluna "Os dias passam" para a *Gazeta de Notícias*, João do Rio descreve o impacto causado por aquela singela mostra sobre uma sociedade por demais preocupada com a aparência.

> O "atelier" de fotografia ficava num alto andar da Associação dos Empregados no Comércio. A Associação tem muitos andares! Terá mais de oito? Conheço pouco as fachadas da Avenida. O estilo bugre manso em arquitetura não me seduz. Quando muito, os meus olhos, receosos, vão ao segundo andar dos prédios. A Associação tem mais de dois. Entramos, subimos uma escadaria comprida de mármore, trepamos para um ascensor, continuamos em marcha ascensional e, afinal, dá-os num pavimento, que deve ser a sobreloja de S. Pedro. Não está S. Pedro, mas está um porteiro aliás, de importância menos venerável. A sala escura deixa ver um corredor vivamente iluminado.
>
> – Onde?, indagamos.

– Ali, excelência.

E nós entramos e vemos que apesar de subir não chegamos ao céu, mas sim ao inferno, ao desesperante e mudo inferno da nossa elegância. É a mais cruel, a mais incisiva, a mais ingênua também é a mais artística das exposições. É um mundo de lindos cromos de figurinos que um *enfant terrible* recortasse, adulterando as linhas. É a sociedade superior e *snob* tesourada por um gnomo de casaca, por um pequeno semideus de balada húngara, por um elfo satírico. Há gargalhadinhas pelos cantos, há risinhos misteriosos, há assobios. Ao entrar, passo os olhos e abro os lábios em riso. Há quanto tempo não ria! Mas rio porque está ali todo o Rio que tem nome e cintila, todo o corpo diplomático, o chá da Cavé, o largo D. Affonso de Petrópolis, e radiantes damas e gente que passa, e escritores a começar por Coelho Neto com um ar de orango, de kakemono, de Utamaro.

– Não sei bem o que é a caricatura, dizia o velho Villier. Mas é sinistramente uma arte perversa. Tinha a opinião de Jane Catulle Mendès. Mas há mil feitios de caricatura. Hogard vale mais que todos os romances de sua época. E não é perverso contra alguém. A contemplação de seus quadros no Museu Britânico faz rir francamente. Sem, o pequeno Sem, amigo de Santos Dumont, frequentador do Maxim's e "cabotiníssimo" na vida, faz rir e morde. Entre a caricatura de gênero e a caricatura *portrait-charge* vai um abismo. Emílio Ayres faz o *portrait-charge*, mas a par da segurança do desenho, da firmeza inglesa da técnica, – (e para ver que é um artista, basta admirar o seu lindo retrato da ilustre dama que entre nós é, pelo espírito e pela graça, imperatriz da elegância*) – tem um poder quase diabólico de tornar evidente a linha caricatural da pessoa. Alguns daqueles trabalhos não são simplesmente caricaturas, são adivinhações psíquicas. Nunca o conde Fernando Mendes que lhe reproduza tão exatamente o gesto, nunca o sr. Canseco,

* Evidente referência a Laurinda dos Santos Lobo.

do México, terá a sua reprodução igual assim. Nunca o Dr. Ataulpho será assim reproduzido. E as senhoras, então? Há um recorte de um grupo pregado em vidro. Vê-se apenas as costas. Só virando aparecem as fisionomias. Mas no grupo havia tanto das pessoas, que, ao meu lado, alguém exclamou vendo apenas a linha do corpo:

– Mlle Fulana...

Era mesmo. Era. Eram todos, era o Rio inteiro, o Roberto Gomes e o Dr. Francisco Murtinho, o Sr. Anselmo de la Cruz e o Sr. Lampreia, Arthur Napoleão e Humberto Gotuzzo, o Sr. Dario Ovalle e o Sr. Santos Lobo, a galeria *au complet*, o salão dos Diários, o chá das cinco, a diplomacia, a *fashion*, a literatura, e todos irremediavelmente presos à sua linha, à linha que é ridícula, porque é de cada um e só não faz rir em sociedade porque a sociedade, sendo uma reunião de linhas ridículas, a educação e a conveniência embotam o sentimento de destruição do que não é igual a nós.

E isso sem uma legenda, sem uma frase, a caricatura, explicando tudo, a caricatura valendo por uma crônica perversa, por um folhetim cruel e ingênuo, a caricatura alguma coisa, a caricatura talento, originalidade, percepção divinatória.

– Mas é admirável!

Neste momento surgiu o caricaturista. Moreno paládio, olhos verdes, glabro. Cabelo leve e raro, menor de sete palmos, um gesto ingênuo de cruzar as mãos sobre o peito, o falar de uma volubilidade mundana e no lábio fino apenas, como acentuando a candidez do *enfant terrible* a quem louvam, o perpassar de um riso de *gavroche* [garoto], juvenil e irreverente. Com umas grandes barbas e um chapéu vermelho, seria uma fantasia de conto D'Andersen. Estava, porém, vestido com apuro londrino.

Então, dei-lhe parabéns. Era um grande sucesso, um imenso êxito – como nunca houve no Brasil, nesse gênero.

Depois saí sorrindo, fazendo o meu melhor sorriso, porque numa horrível caricatura minha que lá há, se me deparou, pela primeira vez, a minha fisionomia acrescida pelo

> aborrecimento e o nojo das vilanias, arrepanhada na crescente náusea que me vai n'alma. E é preciso fingir.[209]

O sucesso incentiva Emílio a seguir adiante com seus desenhos e a temporada é especialmente favorável. Certo dia, no Hotel dos Estrangeiros, tal qual um *paparazzi*, aponta seu olhar para a "efígie tão expressiva" de madame Catulle Mendès. "Julgou haver apreendido os traços mais eloquentes daquela que foi quem primeiro designou o Rio, 'Cidade Maravilhosa', sem ser reparado pela modelo. Jane Catulle Mendès, entretanto, para dedurar Emílio Ayres aos demais hóspedes diz em alto e bom som: '*Le petit misérable*'" [O pequeno insolente].[210]

Os caminhos do caricaturista e de madame Catulle Mendès voltam a se cruzar no palacete da mecenas Laurinda dos Santos Lobo, sobrinha do ex-ministro da Fazenda, Joaquim Murtinho, famosa pelas recepções faustosas e animadíssimas, com a melhor vista de Santa Teresa. Os cômodos da mansão são completamente tomados por obras de arte dos maiores artistas brasileiros – seu retrato com lírios pintado por Gotuzzo é um de seus preferidos – e de renomados estrangeiros, pesados móveis com laca dourada ou escura e tapetes persas. Destacam-se, em meio ao ambiente extravagante, o ainda fresco retrato que Richard Hall pintara de dona Laurinda e o busto de mármore de madame Récamier, que há de ter chamado a atenção de madame Catulle Mendès.

A visitante francesa reconhece entre os presentes João do Rio, que considera a anfitriã a "marechala da elegância", "a princesa dos mil vestidos", que sempre tem uma joia adequada para cada ocasião.

> É impossível a um artista conter sua admiração diante da Senhora dona Laurinda dos Santos Lobo. Ela não está sempre bem-vestida, luxuosamente vestida. Ela realiza em cada toalete uma obra de arte que andasse. O artista que ideou o tecido, o artista que desenhou o modelo, o artista que compôs

a toalete, trabalharam para o seu desejo, e é ela o autor do poema pela maneira por que conduz essas maravilhas, simples complemento de seu encanto.[211]

Se há entre as mulheres que Jane conhece no Brasil uma que encarna o conceito da parisiense, conforme defendido em sua palestra no *Jornal do Commercio*, como um estado de espírito, esta é a madame Santos Lobo. Ela passava parte do ano em Buenos Aires, por conta dos negócios da família, em Paris, em seu apartamento na Place de la Madeleine, onde recebia os convidados com champanhe e quitutes da Fauchon e em Santa Teresa. No Rio, os acepipes locais não deixam a desejar, mas a especialidade era mesmo a conversa e a música. Jane conhece, naquela noite, a de despedida da temporada de recepções na casa de Laurinda, a animação de uma festa carioca. Depois dos canapés, regados a música e poesia, é servido o jantar – para a entrada, os pastéis de camarão eram comuns e, para o prato principal, o peru à brasileira recheado com um refogado à base dos miúdos da própria ave e servido com farofa de ovos com ameixa. Terminada a sobremesa, têm início as danças. Madame Catulle Mendès se junta aos outros marujos de primeira viagem da noite, o advogado Alexandre Braga e a *femme de lettres* Olga Sarmento de Mello, portugueses, que também estão na cidade para proferir conferências.

O trio de estrangeiros logo entra na grande roda em que os outros convivas se dão as mãos, com exceção do *petit misérable* Emílio, pois as tem deveras ocupadas. Com seu caderninho e seu lápis, o cartunista registra o clima festivo, como nenhum fotógrafo teria feito, num desenho que é uma das mais emblemáticas representações da vida social do Rio de Janeiro na Belle Époque. A imagem consta do álbum que Emílio lançaria no ano seguinte reunindo as novas criações da exposição da "saleta liliputiana", feitas ao longo de outubro de 1911. A atitude beligerante de Jane com o artista do traço surtiria o efeito contrário, pois é, possivelmente, a única personagem que aparece três vezes no hoje raro álbum de Emílio Cardoso Ayres. Além da sua figura dançando no salão de Laurinda, Jane aparece uma vez de vestido com amplo decote, echarpe recobrindo os ombros e um adereço de plumas na cabeça, e uma outra ao lado da inseparável assistente.

O que Emílio não consegue captar, entretanto, é o entrevero da francesa com Laurinda, revelada num texto de Jane em tom contemporizador, na qual narra um diálogo, possivelmente, ocorrido em Santa Teresa, uma vez que é publicado somente quatro dias depois da recepção, na edição vespertina do *Jornal do Commercio*. Seu título faz referência justamente ao motivo do debate que Laurinda, geniosa, não quis dar o braço a torcer. Ela discordava da opinião de Jane que teria dito que não há tantas flores nos canteiros cariocas quanto nos parisienses. Para sustentar seu ponto de vista, a brasileira entrega uma orquídea à visitante, cena liricamente narrada no único poema de Jane a surgir com uma dedicatória, antes da publicação de *La ville merveilleuse*.

As flores
A Mme Laurinda dos Santos Lobo

Nesta soberba cidade onde o sol impera
Como um manto real ao ombro do eldorado
Mimas com amor o mar tão adorado
E forma um diamante em sombria pedra

No Rio todo em ouro, pureza, cor
Ousaria dizer sob majestosa árvore
Junto à altiva palmeira, ante o brilho mármore
Não há suficientes rostos em flor

E vós me ofertas, dama, em face uma tréplica,
A orquídea tão esbelta e a rosa que sangra
Buquê de aurora e pôr do sol que deslumbra,
Parece, em vossa mão, um céu meigo e acerca.

E vós o oferece-me, sorrindo um pouco,
Tenra, altiva, aparenta não ter malícia,
A beleza imiscuída à vossa mão lisa
Não é nada além de um adorável jogo.

Portanto, eu sei o sinal e vos entendi,
E vos agradeço a apurada lição;
O olhar calado atesta o divino som,
Num riso a vida alumia e arrepia-se.

Pois não é acreditar num sonho universal
Abraçando o passado e o porvir da hora,
Sente-se apenas as belezas de fora

Ignora o senso terreno e o celestial,
Sem penetrar ao coração injuriado
Coração enredado, amável, salvador
Quem busca as amizades e o seu amor,
E fenece sem cumprir seu gênio excelso

Sente-se prazeres, mostra-se rigores
Para o magnífico ou para o menor da pátria,
Mas, confissão quente, invade um canto, sua ária,
O que esperar de corações indolores.

Embora não se seja acre, revel, fútil
Acerca-se sem ver a alegria e as dores,
Caminha-se sem admirar as flores
Como a existência é doce, bela e sutil

Logo uma mulher acena com verdade,
Às belezas todas, ingênua, leal
Seu gestual límpido, do altar, real
Um pouco tímida, sagrada, suave;

Gesto de iniciado que indica e transita,
Quem sabe, ao alarido dos mundanos salões,
Dê alma às flores caladas nos caramanchões,
E doce, a dar-lhes, a verdade da vida;

Seu gesto que lembra ao espírito disperso
Que no mundo o único bem é ser sensível,
E que a ilusão que seja apenas acessível
É a que do coração pleno deslizou;

Que disse: "O belo é falso se não for meigo,
O que não emociona não vos vem do céu;"
Seu gesto vigilante, seu gesto fiel,
Gesto de ideal e reflexivo afago;

– Atenção, dama. Um gesto eleito de uma irmã
Que prova, com graça e bondade ligeira,
Que a mulher jamais será, em antro algum, estrangeira
Ó, irmã, mais tenra que toda a ternura vã.[212]

Com a temperatura subindo em novembro, a caminho do verão, os eventos sociais na capital federal escasseiam – as famílias da elite buscam o abrigo fresco de Petrópolis, na região serrana. As notícias sobre Jane tornam-se também mais raras.

Sabendo da polianteia – antologia de textos laudatórios – que se está organizando para celebrar o primeiro ano de mandato de Hermes da Fonseca, Jane se coloca à disposição para contribuir. Sua oferta chega aos organizadores do livro *Marechal Hermes da Fonseca*, por meio de um funcionário da Imprensa Nacional, na quarta reunião da comissão organizadora da homenagem, realizada no dia 7 de novembro.[213] "Considerando devidamente o amável gesto da ilustre hóspede do nosso país, já lhe enviou o tema sobre o que deve versar a sua oração". Jane tem dois dias para fazer chegar à sede da União Republicana, no Largo da Carioca, o seu texto. Os 134 versos de "A son Excellence Le Maréchal Hermes da Fonseca" [A sua Excelência o Marechal Hermes da Fonseca], que viriam a integrar *La ville merveilleuse*, vêm a público no dia da Proclamação da República, quando se comemora o aniversário do primeiro ano do governo. A polianteia é distribuída na principal solenidade do dia 15, na sede do Senado Federal, que se prepara para receber o presidente militar com honrarias. Às nove e meia da noite, uma comissão aguarda o presidente no prédio defronte à arborizada Praça da República.

A chegada do marechal Hermes, ao lado da primeira-dama e da comitiva, integrada pelos membros das casas civil e militar, e da comissão dos festejos, é saudada por uma salva de morteiros e bateção de continência. Ouve-se os discursos de Lauro Muller, que, em sua longa intervenção, reverencia os avanços alcançados naquele pouco tempo de República, em especial a liberdade de pensamento, a federação e a delimitação das fronteiras, citando alguns de seus próceres, entre eles Saldanha Marinho e Quintino Bocaiúva. Lauro Muller atribui ao período monárquico males como os maus hábitos políticos e o analfabetismo.[214]

Um segundo discurso longo é entoado por Coelho Neto. Depois da execução do hino nacional por um conjunto de bandas, a polianteia é distribuída e os presentes podem ler, ao lado de textos de Pinheiro Machado, Lopes Trovão, Quintino Bocaiúva, entre outros, e da mensagem do Partido Operário Republicano, o poema em francês de Jane Catulle Mendès.[215] Dando mostra de sua habilidade para compor os longos versos dodecassílabos, o poema "A son Excellence Le Maréchal Hermes da Fonseca" divide-se em três partes. Na primeira delas, Jane diz homenagear o Brasil ao dirigir suas palavras ao presidente:

> – Na terra aguerrida, pensativo Brasil
> Onde instinto emotivo jamais se evadiu,
> Onde o coração reflete, e o sonho irradia,
> Os mais belos dias da epopeia, Excelência,
> Aliam-se faustosamente ao nome seu.
> Ei-lo o mais seguro e bonito anel
> Designa-se a vós a nação escolhida,

Quando se lho rende louro, é ela que é aplaudida
E é ele quem escolhemos para se honrar;
Convoca-lo a augusta alegria a admirar

Na segunda parte, a poeta menciona o período que Hermes da Fonseca passara em Paris em 1910, entre o resultado das eleições e a posse, – "Vós lembrais como Paris te festejastes" – e cita a flora brasileira exuberante recém-conhecida – "a pureza de lírios e magnólia", "a jaca gigantesca e o figo de Atenas". Na última parte, volta a exaltar o Brasil efusivamente, ao afirmar não haver palavras para descrevê-lo, chegando a chamá-lo de "país adotivo", e encerra com um galanteio:

Clamaria eu, unindo seus encantos e cores
Como se ofertasse uma coroa de flores,
Aprecie com alegria – e que te apraza! –
As palmas brasileiras e as rosas francesas.

É a ovação de um governante eleito no pleito mais concorrido em 22 anos do período republicano, quando derrota o movimento civilista liderado pelo jurista Rui Barbosa, admirado pela sua capacidade oratória e malquisto pelo recente fiasco de sua política de Encilhamento.* Num país que ainda convive com os reflexos da polarização política extrema, o elogio ao líder do lado militarista jamais passaria impune. Na semana antes de embarcar de volta à França, o jornalista alagoano Costa Rego, do *Correio da Manhã*, volta sua pena contra a poeta francesa. Sua coluna "Traços da semana" naquele dia 27 de novembro é publicada entre um artigo com o título "O alvitre do *Jornal do Commercio*", com ataques à concorrente folha de inclinação governista, e outro que

* Adotada em 1891, quando foi Ministro da Fazenda do governo provisório de Deodoro da Fonseca, a política tinha como objetivo incentivar a industrialização por meio da emissão de papel-moeda.

expõe o embate entre Campos Salles e Quintino Bocaiúva. E Costa Rego abre seu texto com o petardo: "Madame Catulle Mendès mostra-se desgostosa com os resultados da sua turnê ao Brasil".[216] Segundo o colunista haveria entre os inúmeros conferencistas estrangeiros, que aqui aportam em grande número desde 1909, certa insatisfação com audiência baixa e, em consequência, com o rendimento.

"Diz-se na Europa que este país é imensamente rico e que o dinheiro pode ser maltratado com facilidade. Os homens acreditam, sentam-se à banca, enchem despreocupados algumas folhas de papel, afivelam as malas e partem... Vem fazer a América. Ora, se é verdade que a América paga bem, não menos verdade é que exige que a sirvam bem", ataca o jornalista alagoano.

> Os conferentes, depois de instalados no seu hotel e suficientemente festejados nos jornais, vão ao teatro encarar pela primeira vez o auditório. Desenrolam do bolso a papelada e começam a ler... E a ler o que, Santo Deus! A ler uma infindável baboseira que souberam ao menos polir, cheia de frases feitas, que estamos enjoados de encontrar aqui, em livrecos de segunda ordem e revistas de estudantes...

Em seguida, Costa Rego chama Jane de "cabotina medíocre", atribui sua glória "ser a neta de Victor Hugo e a pessoa para quem o genial francês escreveu a célebre arte de ser avô" e prossegue com pesada difamação:

> O nome do marido, nunca honrou, quer como esposa, quer como escritora. Suas conferências aqui foram indigestas sensaborias, escritas num francês que não era o de Voltaire e que madame lia muito mal, com um cacoete irritante, de machucar os nervos. Madame estava, portanto, no caso de não agradar. Não lhe iriam os brasileiros, apenas por amabilidade requintada encher a sala, desembolsando as quantias

que ela pedia por aquela hora de aborrecimento. Se se lamenta dos maus resultados de sua turnê, culpe-se a si mesma.

A grosseria do colunista do *Correio da Manhã* é respondida pela revista *Careta*, numa nota publicada em 2 de dezembro, quatro dias antes da partida da poeta, e com um desmentido em relação à genealogia.

> Pelo *Correio da Manhã* de 27 de novembro, envergonhando a imprensa brasileira, Costa Rego atirou este punhado de lama sobre a Sra. Jane Catulle Mendès: – "o nome do marido nunca honrou, quer como esposa, quer como escritora".
>
> Esta ilustre escritora ainda está hospedada no Hotel dos Estrangeiros e não tem, nesta terra em que a filauciosa estupidez a insultou, um braço de homem que a defenda; e confiava de certo na educação dos brasileiros, dos quais, felizmente, recebeu altas provas de estima e consideração, quer quando realizou as suas magníficas conferências, quer quando, para honrá-la, abriram-se festivamente os lares de três das mais distintas famílias cariocas.
>
> Não é dos hábitos do jornalismo, nem de homens que se prezam, infamar senhoras para combater literatas. Como sabe Costa Rego que a senhora Catulle Mendès não honrou, como esposa, o nome do marido? Não há livro ou jornal francês que afirme tal coisa e se o cronista do *Correio da Manhã* não foi a Paris colher informes comprobatórios do seu juízo sobre a conduta conjugal da ilustre escritora, não pode ultrajá-la sem merecer o qualificativo de caluniador. Mas Costa Rego conhece tanto a vida da senhora Catulle Mendès que chega a confundi-la com a neta de Victor Hugo que foi a senhora Jane Daudet e é hoje a senhora Jane Charcot.
>
> Quanto à escritora, é natural que a nobre e fulgurante poetisa dos *Éblouissements* não tenha a simpatia de um ignorante que se supõe um homem de gênio porque anda a perpetrar grosseiras contrafações da prosa incomparável de Eça de Queiroz.[217]

Na véspera de sua partida, madame Catulle Mendès comparece uma última vez ao Club dos Diários para se despedir e embarca no *Danube* em 6 de dezembro, às onze da manhã, com o coração e "umas quinze malas"[218] abarrotadas. A viagem, com previsão de 21 dias, costeia o litoral brasileiro, com paradas em Salvador e Recife. Da capital pernambucana, o *Danube* empreende a travessia do Atlântico. Superada uma semana sem vestígio de terra firme, atravessada a Linha do Equador, chega-se à Ilha da Madeira. Tudo corre em ordem até uma severa tempestade atingir o paquete na altura do Golfo da Gasconha, já próximo do litoral francês. Jane e a secretária Mathilde chegam a cair do leito.

Refeitas do susto, desembarcam no porto de Cherburgo, no litoral norte, tomam o expresso e quatro horas mais tarde estão na Gare de Saint Lazare. Jane está finalmente de volta à sua Paris.

O epíteto (1913-1936)

Livros, borboletas e um "airoso camafeu"

Já nas escadas que dão no primeiro andar do Palais D'Orsay sente-se o perfume a emanar de uma infinidade de buquês enviados a Jane Catulle Mendès para saudar seu retorno. É um costume de então, o de enviar flores aos que chegam de longas viagens. O gesto gentil confere ao momento um cheiro característico que invade o corredor. Os malões espalham-se diante do apartamento onde Jane Catulle Mendès se estabelecera após a morte do marido. Orientados por *mademoiselle* Mathilde, funcionários tratam de esvaziar as bagagens recheadas de roupas, chapéus, livros, fotos e outras recordações da viagem, na tentativa de colocar ordem ao caos visível. Madame Catulle Mendès saíra para visitar a também escritora Annie de Pène, amiga íntima que testemunhara toda a arrumação para a partida havia quase quatro meses, e é aguardada por outra dileta companhia, o jornalista português Xavier de Carvalho, correspondente do jornal *O Paiz*, o maior propagador daquela aventura brasileira.[219]

Quando chega, Jane revela-se entusiasmadíssima e cheia de planos para contar publicamente, numa conferência, sobre o que vira na América do Sul, especialmente no Brasil, onde as pessoas se mostraram tão amáveis que chegaram a deixá-la "confusa". "Que distância entre a altivez dos argentinos e a graciosa distinção dos brasileiros", emenda, para então elencar no rol de amizades encetadas na viagem as de Ernesto Senna e das madames Júlia Lopes de Almeida e Laurinda Santos Lobo. Ao ser perguntada se vem satisfeita do Rio, faz uma breve observação sobre o ânimo político acirrado da capital federal, talvez ainda sob o impacto do ataque difamatório do colunista Costa Rego. "É aborrecido ouvir falar tanto em política, em civilismo, em hermismo, na Revolução de Pernambuco, nos discursos do Congresso! O Brasil devia preocupar-se mais com questões econômicas, pondo um pouco de lado a politicagem pessoal."[220]

Reflexos de tal acirramento político ainda seriam sentidos dois anos mais tarde. A *Revue Franco-Brésilienne*, publicação também voltada para a colônia francesa no Rio, insinua que Jane teria recebido para falar bem do Brasil, algo que não me foi possível comprovar.* A poeta negaria veementemente numa carta exigindo retratação.

> Senhor,
>
> Li com estupefação, sob vossa assinatura, na *Revue Franco-Brésilienne*, que fui *largamente paga*, para dizer elogios, em prosa e verso, ao Brasil.
>
> Tenho a vos informar que minha viagem me custou mais de 25 mil francos e que não recebi a menor compensação pecuniária.
>
> Se disse bem da beleza do Brasil é unicamente por ter assim achado, e se não falei das imperfeições que me surpreenderam, é simplesmente por mera cortesia para com meus anfitriões que me ofereceram uma deveras deliciosa acolhida.
>
> Eu vos peço, *Monsieur*, que restabeleça a verdade em se publicando minha carta e que aceite os meus melhores cumprimentos.
>
> Jane Catulle Mendès[221]

* A insinuação infundada seria aventada, novamente sem provas, por Onestaldo de Pennafort na biografia que lançou sobre o compositor brasileiro Mário Penaforte nos anos 1950.

A visitante guarda fresco na memória "as paisagens do Corcovado, do Silvestre" e da orla do subúrbio Atlântico, como eram chamados os bairros à beira-mar da zona sul. A arquitetura das casas na praia chamaram a sua atenção. "Visita-se demais a Europa. Os lindos palacetes do Leme não são bem os chalés de região quase tropical. Precisam de sombra", pondera. "O Rio é já uma grande capital onde há uma intensa vida mundana. Oh, como as brasileiras são lindas! Vi por vezes morenas deliciosas. E as damas vestem pelos últimos figurinos de Paris, sem o exagero de mau gosto das argentinas que andam pela rua às vezes tão carnavalescamente. Os homens são elegantes e todos os que conheci falavam muito bem o francês".[222]

Como bom turista da primeira metade do século XX, traz uma coleção de borboletas, uma delas coletada na própria cama do hotel, mas informa ter deixado para trás o macaquinho, que comprara na ida, na escala em Salvador, rumo ao Rio de Janeiro. "Era um encanto. Mas tive medo que morresse e dei-o. Depois ofereceram-me papagaios, aves pitorescas e alguns macacões... de respeito. Credo! Cá em Paris já há macacos velhos em abundância e não é necessário ir buscá-los às florestas virgens da América do Sul", ironiza.

Na caixa de correio abarrotada, repousam correspondências de dois "editores importantes" com propostas para que escreva sobre o Brasil e três diretores de redação de "grandes folhas parisienses" sedentos por entrevistá-la. "Há uma curiosidade enorme em saber o que penso do Brasil. Durante mais de quinze dias vou estar de alma e coração toda consagrada ao Brasil", entusiasma-se. Jane diz a Xavier de Carvalho que pretende voltar no ano seguinte para conhecer São Paulo, Minas Gerais, Bahia e Pernambuco e de seus planos de escrever um livro que, a princípio, teria um título mais burocrático. "Agora, tenciono publicar *Le beau pays* [A bela terra], um volume sobre o Brasil, para o qual estou colecionando notas.

Hei de só dizer a verdade, porque eu nunca soube mentir. Serei extremamente indulgente e nunca injusta", pondera. "Pretendo ser útil ao Brasil, e talvez mais sinceramente de que vários compatriotas meus que de lá voltaram com rios de dinheiro, quando eu lá só gastei... Vi o Brasil com os olhos de uma intelectual e não como exploradora que comercialmente vai avaliar uma mercadoria".[223]

Numa das três entrevistas concedidas aos jornais franceses, Jane repete a expressão que utilizara na dedicatória ao jornalista d'*A imprensa* e que daria título a seu livro. "Passei dois meses e meio no Rio. Que cidade maravilhosa! Parece-me que ela foi feita para o encanto dos poetas. Será brevemente a cidade de vilegiatura mais frequentada do mundo", prevê, em entrevista ao *Paris-Journal,* tendo à escrivaninha uma pilha de papéis sobre a qual se lê Argentina e uma outra dedicada ao Brasil.[224] Jane não estava brincando ao se colocar à disposição para ser "útil", e passaria a participar intensamente da vida social das colônias brasileira e portuguesa. Comparece à cerimônia para expressar as exéquias ao Barão do Rio Branco[225], morto em fevereiro de 1912, e é convidada a ler um poema de Camões na inauguração do busto do cânone português em Paris.[226]

É em janeiro, no entanto, menos de um mês depois do retorno, que madame Catulle Mendès encanta o público no Teatro Olympia com a conferência "Uma parisiense no Brasil", prestigiada evidentemente por Xavier de Carvalho. Chama atenção do jornalista português a presença na plateia, em meio às amigas escritoras de madame Catulle Mendès, o parceiro de letras de Eça de Queiroz, seu ilustre conterrâneo Ramalho Ortigão, que passa uma temporada em Paris.[227] O relato de Xavier sobre a conferência revela que Jane teria ficado frustrada por não conseguir avistar a constelação do Cruzeiro do Sul, "nem mesmo mais tarde, em digressão pelas alturas da Tijuca, com o nosso glorioso Bilac, o poeta do

'Escutando estrelas', madame Mendès pôde conseguir a realização do seu desejo".[228]

A fala de madame Catulle Mendès sobre as impressões foi acompanhada da projeção de imagens "dos quadros mais pitorescos dos nossos bairros do Rio, a Avenida Central, a Avenida Beira-Mar, a praia do Flamengo, o Leme, a Tijuca; o Jardim Botânico com as suas palmeiras, todo o encanto mágico do Rio". "Muitos patriotas brasileiros nos *fauteuils* tinham ardentes desejos de saltar ao palco e de enternecidamente beijar essa elegante e esbelta madame Mendès agradecendo de joelhos as lindas palavras, que ela, com tanto brilho de forma, tantas metáforas reluzentes, dedicara ao Brasil amado", emocionou-se o cronista.

Jane convida, em seguida, algumas artistas para ler novos poemas escritos sobre a cidade recém-visitada. A jovem e premiada pianista Magdalena Tagliaferro executou "lindos e maviosos tangos, modinhas, lundus, terminando por variações sobre o hino brasileiro", que só não foram acompanhados pela demonstração das "prometidas danças brasileiras, que eram um dos destaques do programa", por conta de uma greve das dançarinas da Ópera. Para completar, lê-se uma versão em francês de "Canção do exílio". "Dezenas de brasileiros foram ao palco cumprimentar a conferente, agradecendo a madame Catulle Mendès tantas palavras de amoroso incitamento, tantos louvores, tantos adjetivos preciosos ao Brasil. Na verdade, há muito tempo que se não ouviam tantos elogios ao Brasil em uma língua deliciosa", vaticina Xavier de Carvalho, em suas "Cartas de Paris".[229]

Em abril, Jane entrega os poemas de seu novo livro ao editor Edward Sansot.[230] Até a publicação, dali a um ano, em 1913, a poeta ainda organizará mais um evento dedicado ao Brasil. "Madame Jane Catulle Mendès falará sobre a cidade maravilhosa (Rio de Janeiro), onde se sabe que ela teve uma encantadora temporada", informa em primeira mão o

Les Gaulois.[231] Ao menos oito jornais franceses e brasileiros informam sobre a Gala Franco-Brésilien marcada para o dia 28 daquele mês no Femina, o teatro da revista homônima comandada por Pierre Lafitte na Champs-Élysées. O *Le Journal* acrescenta que a conferência de abertura da poeta francesa terá como tema "A sociedade e a literatura brasileiras". Estão previstas as participações de um elenco de peso, capitaneado por dois artistas dos mais festejados de Paris – Mme Réjane e M. Mounet-Sully, ambos já haviam visitado o Brasil em turnês.

A conferência é entremeada por leituras de poemas inéditos sobre o Rio de Janeiro, entre os quais "Les palmiers", lido por Mounet-Sully. Em sua intervenção, madame Catulle Mendès "foi inesgotável de gentilezas para o nosso país, cujos esplendores celebrou com um entusiasmo ditirâmbico que empolgou o auditório. Descreveu as belezas do Rio de Janeiro, que não se fartara de admirar na sua breve viagem, e onde disse que a mão do homem se aliou à natureza para criar uma cidade maravilhosa", relata um jornalista do *Jornal do Commercio*.[232] A conferencista envereda, então, pela literatura brasileira, tecendo comentários sobre Graça Aranha, do qual se lê o trecho de *Canaã*, Machado de Assis e Olavo Bilac. O público ainda é brindado com a interpretação de um trecho de *O guarani* pela dupla de cantores líricos Nícia Silva – Jane a conhecera num dos *five o'clock* no Club dos Diários, no Rio – e Camargo. Um número de "danças brasileiras modernas" é apresentado por um casal francês antes do encerramento com a execução do Hino do Brasil.

Atento ao sucesso das duas *soirées* brasileiras promovidas por madame Catulle Mendès no teatro da Champs-Élysées, Pierre Lafitte encomenda ao escritor Paul Adam, que visitara o Brasil no segundo semestre de 1912, um artigo para uma outra publicação de seu conglomerado editorial, *Je Sais Tout*. "Rio de Janeiro: Eden du monde" [Rio de Janeiro: Éden do mundo], publicado na centésima edição da revista, de 15 de maio, traz em treze páginas uma exaltação à capital federal nos elogios e em fotografias, entre elas um panorama da Baía de Guanabara, tomado possivelmente da Rua Mundo Novo, no qual se descortina, de ângulo privilegiado, toda a enseada de Botafogo, a entrada da Baía de Guanabara, Niterói, chegando à praia da Glória.

Apesar de todo o cartaz conferido por *Je Sais Tous*, não é o título quase solene do artigo de Paul Adam, "Éden do mundo", que consagra o Rio de Janeiro, mas o de outra publicação lançada em março de 1913: *La ville merveilleuse*. De caráter menos perene do que uma revista de periodicidade quinzenal e com um nome bem mais lírico, o livro de Jane Catulle Mendès chega aos leitores parisienses pela editora E. Sansot & Cie, a mesma que havia publicado seu terceiro livro em 1911.

Quem se depara com o tomo numa livraria parisiense, verá saltar na capa logo de cara a expressão "*ville merveilleuse*" impressa numa fonte com serifa. Ao se aproximar para examinar mais detidamente, reparará que a expressão é antecedida pelo artigo "*La*" e notará nos traços das maiúsculas do "V" e do "M" uma alternância do negrito numa das pernas com uma linha fininha na outra. O "I" minúsculo que se segue ao "V" encerra numa leve ladeira de onde o pingo principia deslizar elegantemente, um primor tipográfico, arrematado logo abaixo pelo subtítulo, a ostentar o nome da musa da poeta: Rio de Janeiro.

Letrinhas miúdas informam que o frontispício no interior do tomo reproduz um retrato em pastel de autoria de Richard Hall, o renomado retratista que encontrara no Rio, e encimam o arte-novista ex-libris da editora formado por um par de crisântemos cujos caules formam a moldura da palavra "*laboremus*", do latim, trabalhemos. No pé da capa, as inscrições Paris, Bibliothèque Internationale d'Édition, a razão social da editora e o endereço no qual o número da morada se repete no início e ao fim: "9, Rue de l'Éperon, 9". Na lombada, além do nome da autora, do título e da editora, uma flor e o preço de 3,5 francos.

Folheando-se o interior, o leitor encontrará na primeira folha o título acompanhado do subtítulo e em seu verso a informação de que seis exemplares da tiragem foram impressos em papel Japon Imperial, de gramatura generosa, e outros quinze em Hollande van Gelder Zonen, tradicional fabricante de altíssimo padrão. No bloco inicial da encadernação, uma folha *couché* exibe no lado par o retrato, em preto e branco, da autora com o seu característico chapéu de abas largas, numa pose graciosa, segurando uma rosa com a mão esquerda, no qual se lê a dedicatória: "à Madame Catulle Mendès, homenagem de Richard Hall. Rio, 1911". A folha de rosto é praticamente uma réplica da capa, mas no lugar da informação sobre o frontispício entram o gênero de textos da coletânea, poemas, e a citação de Victor Hugo: "*Ah! Ce navire fait le voyage sacré*", verso tomado emprestado de *La legende des siècles*, que poderia ser traduzido como "Ah! Esta galé faz a jornada sagrada".

La ville merveilleuse é dedicado ao escritor Pierre Loti, cujo nome surge acompanhado dos versos em francês, aqui traduzidos por mim:

> que amou e cantou toda a beleza da Terra,
> dedico essa obra como quem carrega a mirra
> almiscarada à entrada de um templo imortal.

O quarto livro da carreira de Jane Catulle Mendès reúne, em 218 páginas, 33 poemas, burilados em versos dodecassílabos, de eloquência características do parnasianismo, escola prestes a ser suplantada pelas vanguardas literárias. Numa nota curta, um inconformado jornalista do *Le XIXe Siècle* bradou: "E os versos de Madame Catulle Mendès serão como uma lição a esses 'cubistas' da literatura que pensam ou ao menos professam que a verdadeira poesia deve ser invertebrada e incompreensível".[233] O editor de Jane era bem menos refratário às novidades do que o jornalão do século superado, como se pode aferir ao ler a relação dos títulos da Coleção de Poetas Contemporâneos, da Sansot, na qual *La ville merveilleuse* foi incluído. Entre os livros vendidos a 3,5 ou 4 francos, distinguia-se *Le monoplan du Pape* [O monoplano do Papa], do futurista Filippo Marinetti, descrito como "romance político em versos livres".*

Os poemas iniciais de *La ville merveilleuse*, como num diário de bordo, descrevem a chegada e o impacto inicial do encontro da poeta com o Rio de Janeiro. Em 64 versos, "Arrivée dans la Baie de Guanabara" [Chegada à Baía de Guanabara], dedicado ao todo-poderoso senador Pinheiro Machado, resgata as recordações da escala feita a caminho de Buenos Aires, quando relatou ao jornalista d'*O Paiz*, enquanto tomava um chá no transatlântico, o primeiro pôr do sol em águas cariocas.

> Sob as lácteas encruzadas, em névoas leves,
> Despertam a tremular em seus clarões breves.
> Tudo ao redor da baía, aos pés da colina
> E até os altos montes, o Rio se ilumina;
> Reluzindo em teus fachos, a constelação
> Do maior dos cumes se juntará a Orião,
> E à noite, e sob o charme de tuas mantilhas
> Não se vê além de ti, Rio, feito de estrelas
> Vestes-te nos céus um outro, teu fundamento
> E amanhã ousarei chegar ao teu firmamento.

É muito provável que esses versos tenham sido escritos no calor daquela fantástica manifestação da natureza, em plena Guanabara, uma vez que as palavras escolhidas remetem às daquela primeira entrevista concedida; e, no desfecho da última sextilha, ela se dirige à própria cidade: "Trago-o junto

---

* Assim descrito no catálogo da Sansot, publicado nas últimas páginas do volume *Tendresses impériales*, de Napoleão Bonaparte.

ao meu peito; Rio, até amanhã/ Todo sonho humano cabe em meu coração".

Segue-se, então, "Salut", o primeiro dos dez sonetos do volume, publicado inicialmente no jornal *O Paiz*, quando Jane ainda se encontrava no Rio, com o nome de "Matin". Dois outros dessa lavra inicial são "Crépuscule" e "Nocturne". Este compara a cidade se acendendo a um céu estrelado, imagem que viria a ser largamente utilizada na música brasileira ao longo do século XX, e aquele ostenta ar enigmático e uma enxurrada de metáforas inspiradas por elementos da natureza, como se pode ler a seguir.

> Belo Rio sinuoso ante a onda incontida
> Que bordeja uma atmosfera âmbar e marmórea
> De topázio, opala e ágata da cor de ardósia
> No mavioso alcaçuz da noite assentida
>
> Sob o céu próximo de sua sublime hora,
> Rio emudece tal e qual mulher sagrada,
> E pura por guardar uma chama intocada
> Qual amante divino teu silêncio espera?
>
> Ao longe, a Tijuca como uma nuvem malva
> O Poente sulfúreo é uma ave que se salva
> Para que nada além perturbe o seu repouso;
>
> Mas em que sonhas tu em tua sombra irisada
> Em qual despudor incrivelmente formoso
> Rio da cor de pérola e em plena orvalhada

Originalmente, quando foram publicados no jornal *O Paiz*, o segundo e o terceiro versos da segunda estrofe faziam referência a um tempo suspenso ao invés da "mulher sagrada": "Em meio à eternidade do tempo indelével/ que algum deus reverencie-no imensurável".

Ao percorrer o sumário no fim do livro, distinguem-se oito poemas sobre a fauna, batizados com alguma característica marcante – "L'orchidée sauvage", por exemplo, é sobre uma planta carnívora do Jardim Botânico – ou pelo próprio nome da espécie vegetal: "Les palmiers" [As palmeiras], "Les bananiers" [As bananeiras], "Les bambous" [Os bambus] e, talvez a única que carecesse de um nome correspondente em francês, "Le tarnarina", possivelmente querendo se referir à tamarineira, com "Seu tronco curvado, feito de nós de ofídica".

Outros cinco poemas fazem referência nos seus títulos a pontos turísticos conhecidos pela poeta. Além da Baía de Guanabara, da Biblioteca Nacional, da Avenida Beira-Mar, cujas visitas foram mencionadas pelos jornais ao longo de sua estadia, surgem dois outros locais que revelam mais sobre o roteiro de Jane pelo Rio: a Praia Vermelha, no poema que seria homônimo à praia não fosse por um intruso "I" colocado entre as sílabas "me" e "lha" que é até difícil de notar, e a Tijuca, em "La voix de la Tijuca"[A voz da Tijuca]. Nestes, o impacto do exótico dá lugar ao maravilhamento com o pôr do sol e o colorido da paisagem tropical.

Praia Vermeilha, meiga, esfera, matizada,
Ó, Pequenina pérola e a mais fascinante
Da linda joia a ornar o Rio deslumbrante,
Altiva em nácar, ri-se alegre, na orvalhada

Entre tantas graças soberbas e espraiadas,
Aproxima-te do divino e apenas bela,
Vós ofertais, cantinho onde toda a hora espera,
Um sacrário de ouro a almas bem aventuradas.

Luzindo entre os montes qual poder tens o vosso!
Vós pareceis tão amplo quanto uma moldura,
E para acessar-vos, bem, apruma-te à altura,
Já que ei-los os dois, impelidos um contra o outro.

Praia Vermeilha, faceira, quimera, eufórica,
Asilo afável, já para a varanda vossa,

Dou-te ardentemente neste instante de graça,
Minha majestosa saudade, melancólica.

Ah! Hei de voltar um dia, abrigo que fulgura,
Uma fronte contra a minha, abraças meu ombro,
Firme como o azul, flexível como um salgueiro
E o coração pleno, dar-vos esta ventura...

Para retribuir a atordoante hospitalidade carioca, madame Catulle Mendès acrescenta dedicatórias em 28 dos 33 textos, especialmente aos anfitriões que abriram seus salões ou a homenagearam publicamente – o Marquês do Paranaguá, presidente da Sociedade de Geografia do Rio de Janeiro, e Octavio de Souza-Leão, secretário do Club dos Diários, além de Charles Morel, do *L'Étoile du Sud*, e Ernesto Senna, do *Jornal do Commercio*, que a convidaram para jantar no Hotel Avenida. O rol de agraciados inclui políticos, como o presidente da República Hermes da Fonseca e seu antecessor no cargo, Nilo Peçanha, além do todo-poderoso senador gaúcho Pinheiro Machado, a quem ela dedica o poema inaugural.

Em meio a figuras célebres, há espaço para reverenciar o tradutor e escritor belga Adrien Delpech, a quem ela dedica "Beira-Mar". Professor do Instituto Nacional de Música e depois catedrático de sociologia do Pedro II, foi o pioneiro na tradução de Machado de Assis para o francês. Sua versão de *Várias histórias – Quelques contes* no francês – era, em 1911, a única obra do cânone carioca disponível no idioma da autora de *La ville merveilleuse*. Por alguns anos, ao longo da pesquisa, apeguei-me à ideia de que a dedicatória ao professor Delpech se devia indiretamente ao Machado de Assis, uma forma de agradecimento ao responsável por fazer o escritor acessível aos franceses. Incapaz de comprovar a minha tese, preferi abandoná-la e atribuir a homenagem ao fato simplesmente de terem se encontrado, o que de fato aconteceu, no Club dos Diários, na Rua do Passeio.

No poema a Delpech, cujo trecho está transcrito a seguir, o Rio é equiparado a míticas cidades pelo mundo, incluindo as gregas, idealizadas como o cenário da busca infrutífera de Apolo pelo seu primeiro amor.

Real encantamento de uma terra próspera
Mar mais lascivo, com teu bafejo perene,
Do que aquele a banhar Ítaca e Mitilene
E o bosque afável para onde Dafne escapara

Onde o sonho carnal se espraia e se revela
Melhor que em Veneza com sua noite ardente
No caminho de um vento lânguido e indolente
Mar que soube absorver no frescor de donzela

Bálsamos a exalar a Isfahan de sultano
Ó mar, cor do luar e de clarão, de adaga
Desde vosso alvoroço aqui, e que a mim me afaga
São os encantos vários de um mesmo Oceano

Outras sete dedicatórias destinam-se a mulheres que ela conhecera no Rio. Além da cantora lírica Cândida Kendall, das embaixatrizes Laurence de Lalande, da França, e Von Egger-Mollwald, da Áustria, Jane escreve para quatro mulheres que abriram as portas de suas casas. Para Laurinda dos Santos Lobo, dedica "Des fleurs" [As flores], aquele do entrevero entre as duas; para a escritora Júlia Lopes de Almeida e para sua filha, respectivamente, "La fontaine miraculeuse" [A fonte milagrosa] e "Les lucioles" [Os vaga-lumes]. Neste, única exceção à métrica dodecassílaba, descreve os vagalumes e naquele a visita que Jane e a colega brasileira fizeram ao Jardim Botânico.

E, finalmente, dedica "Du soleil, de l'ombre, du rêve" [O sol, a sombra, o sonho] à cantora amadora Stella de Guerra Duval, famosa pelas recepções em seu palacete em Botafogo e que se tornaria uma importante liderança feminista no Brasil. Este é o mais longo poema de *La ville merveilleuse*, no qual descreve o passeio de uma borboleta-azul pela cidade. Ela passa pela "Tijuca melódica e perfumada", pelos "bosques do Silvestre" e pelo "pico azul do Corcovado", mas, como era usual na época, seu fatídico destino já estava traçado, o de, uma vez empalhada, tornar-se *souvenir*.

Sim, vós sois formosa. Sem dúvida, eu vos amo;
Não percebíeis vós que não se sabe amar,
E eu, que creio ter coração tenro e supremo.
Quem dentre nós, quem, não cogita blasfemar
Seu elã, seus sonhos e altaneira consciência,
Qual alma daqui que não se ponha ofendida;
Porém, como no mundo, se almeja, se saiba,
Ei-la capturada adiante numa cilada
Se sois amada, não importa que se compreenda
Nem que vos subjuguem mesmo sendo rainha;
Nós que buscamos o belo, o sublime, o bom
E que de tudo isto restará nada não,
Quem desprezaria sua altiva harmonia
E sua ilusão de sutil alegoria,
Quem então abdicaria ao fim da jornada,
Por algo de belo e por algo apaixonada
Para além do espaço, para além da existência...
– Borboletas a voar, tua graça infinda,
Que aportaste entre nós destino sibilino,
Não te arrependas de ser esta coisa morta
Cujo olhar humano, portanto, reconforta.
Como a vossa sorte divina e sem declínio,
Nós, cujas belezas estarão já acabadas,
que não se amará após algumas abraçadas
Ah! para sentir cadenciar sobre nós
Depois do fim, de olhos marejados e meigos,
Se o peito está ferido, as almas põem-se alertas
Borboleta azul, estandarte dos poetas.

O poema que mais *frisson* causa, no entanto, não é dedicado a ninguém, mas quem dividiu aquele momento íntimo

Um dos transatlânticos da Royal Mail Steam Packet Company, também conhecida como a Mala Real Inglesa, semelhante ao que trouxe madame Catulle Mendès. Abaixo, aspecto do desembarque no Cais Pharoux, retirado da capa da revista *Fon-Fon* de 8 de julho de 1911.

A vista do Pão de Açúcar tomada do alto
do Corcovado, ainda sem o Cristo Redentor;
e a Enseada de Botafogo.

THEATRO MUNICIPAL

HOJE — 24 DE OUTUBRO — HOJE

ÁS 4 HORAS DA TARDE

3ª E ULTIMA CONFERENCIA

DE

Mme. Jane Catulle Mendés

THEMA

LES FEMMES DE LETTRES FRANÇAISES

Bilhetes á venda na Confeitaria Castellões.

Preços:

Frisas	[illegible]
Camarotes de 1ª ordem	[illegible]
Camarotes de 2ª	[illegible]
Poltronas	[illegible]
Balcões	[illegible]
Galerias	[illegible]

Madame Catulle Mendès proferiu três conferências. A primeira delas na Associação dos Empregados do Comércio para a plateia abaixo. À esquerda, o prédio do *Jornal do Commercio*, local da segunda; e o anúncio da terceira, realizada no Theatro Municipal.

RECEPCAO CARIOCA A'S CELEBRIDADES ESTRANGEIRAS

CELEBRIDADES FEMININAS

MME. JANE CATULLE MENDÈS, CELEBRE ESCRIPTORA FRANCEZA, ACTUALMENTE NO RIO DE JANEIRO

Madame Catulle Mendès e sua assistente Mathilde "fazendo a Avenida", expressão usada para se referir ao hábito de andar na Avenida Central. No registro acima, com o jornalista Ernesto Senna, do *Jornal do Commercio*, na revista *O Malho*.

Ao lado, em registros da *Fon-Fon* no Hotel dos Estrangeiros e, abaixo, da *Careta* na Avenida Central.

HOSPEDES ILLUSTRES

Mme. Jane Catulle Mendés, cujas conferencias tem sido tão vivamente apreciadas entre nós.

Almanack das Glorias

Sra. Jane Catulle Mendès

A temporada de 1911 não teria sido a mesma sem Emílio Ayres, que registrou a presença de Jane no salão de Laurinda dos Santos Lobo (acima) e em outras cenas cariocas, e do aviador francês Edmond Plauchut (à direita), que sobrevoou o Rio a bordo de seu Blériot em 1911, feito inédito na capital federal.

Reprodução

Fundação Biblioteca Nacional

A capa de *La ville merveilleuse*, que trazia o frontispício esboçado pelo pintor Richard Hall.

Acervo do autor

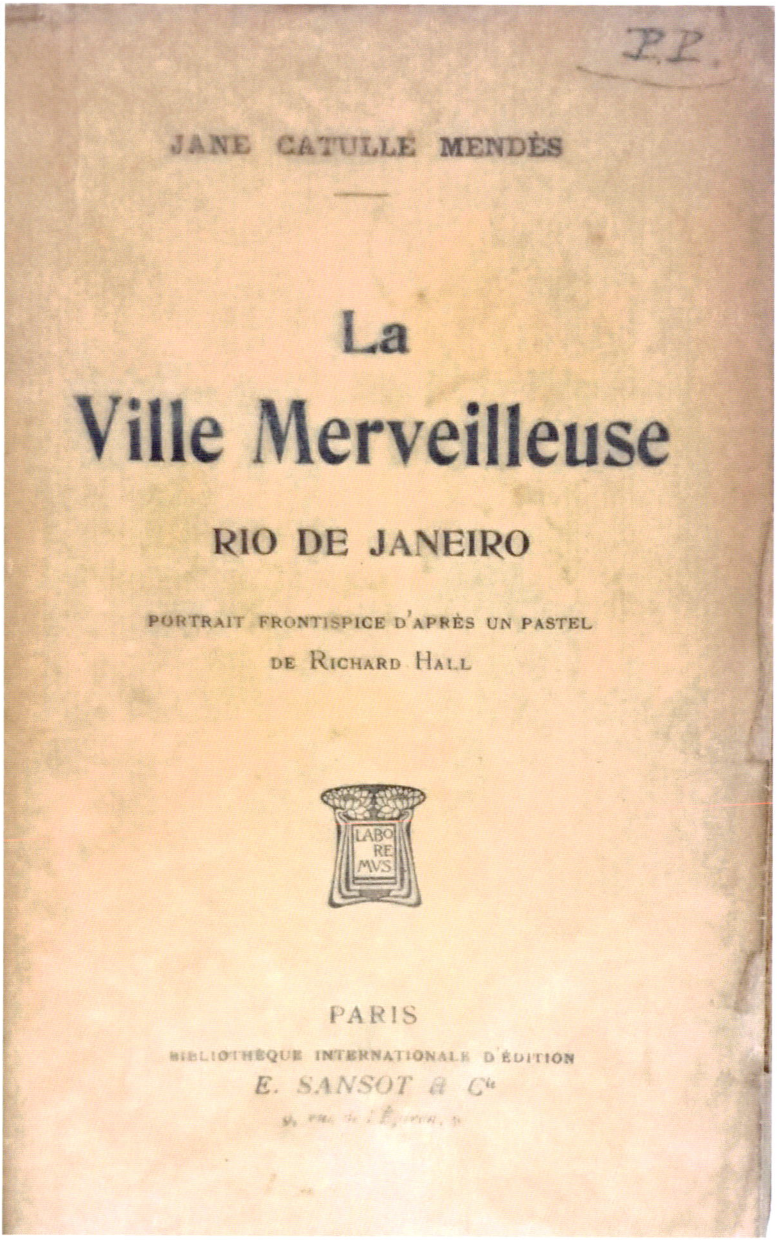

à Madame Catulle Mendès.
Hommages

Depois do lançamento de *La ville merveilleuse*, Jane organizou uma série de eventos de gala para promover o Brasil. Num deles, saudou a amiga carioca Júlia Lopes de Almeida com um banquete em Paris, em 1914. As duas podem ser vistas juntas abaixo.

Museu da República

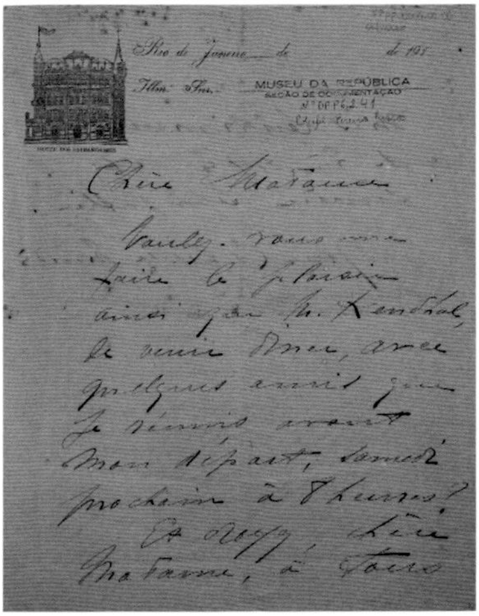

Rio de Janeiro __ de __ de 191_

Illm. Snr.

MUSEU DA REPÚBLICA

Chère Madame

Voulez-vous me faire le plaisir ainsi que M. Kendal, de venir dîner, avec quelques amis que je réunis avant mon départ, samedi prochain à 8 heures?

Et croyez, chère Madame, à tous

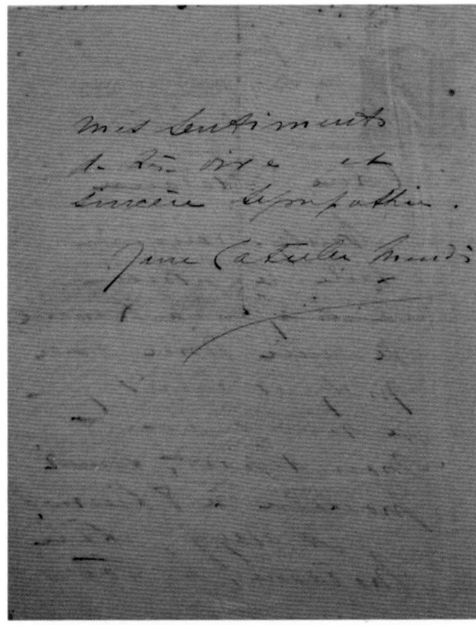

mes sentiments les plus vifs et sincère sympathie.

Jane Catulle Mendès

Carta de Jane a Francisca de Oliveira Passos, mulher do ex-prefeito Pereira Passos, convidando-a para um jantar de despedida, em papel timbrado do Hotel dos Estrangeiros.

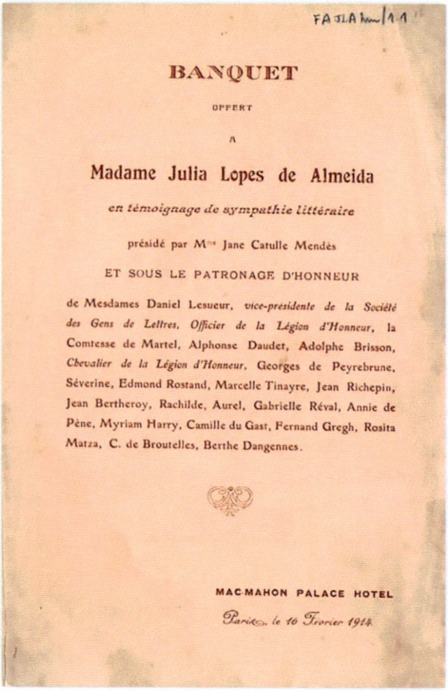

FAJLA 1.1

BANQUET

OFFERT

A

Madame Julia Lopes de Almeida

en témoignage de sympathie littéraire

présidé par Mme Jane Catulle Mendès

ET SOUS LE PATRONAGE D'HONNEUR

de Mesdames Daniel Lesueur, *vice-présidente de la Société des Gens de Lettres, Officier de la Légion d'Honneur*, la Comtesse de Martel, Alphonse Daudet, Adolphe Brisson, *Chevalier de la Légion d'Honneur*, Georges de Peyrebrune, Séverine, Edmond Rostand, Marcelle Tinayre, Jean Richepin, Jean Bertheroy, Rachilde, Aurel, Gabrielle Réval, Annie de Pène, Myriam Harry, Camille du Gast, Fernand Gregh, Rosita Matza, C. de Broutelles, Berthe Dangennes.

MAC-MAHON PALACE HOTEL

Paris, le 16 Février 1914

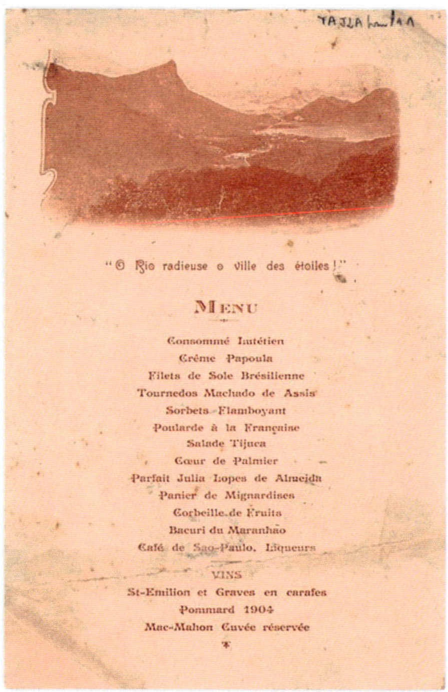

FAJLA 1.1

"Ô Rio radieuse ô ville des étoiles!"

MENU

Consommé Lutétien
Crême Papoula
Filets de Sole Brésilienne
Tournedos Machado de Assis
Sorbets Flamboyant
Poularde à la Française
Salade Tijuca
Cœur de Palmier
Parfait Julia Lopes de Almeida
Panier de Mignardises
Corbeille de Fruits
Bacuri du Maranhão
Café de São-Paulo. Liqueurs

VINS

St-Emilion et Graves en carafes
Pommard 1904
Mac-Mahon Cuvée réservée

O cardápio, preservado em instituições do Rio e de Paris: a ABL e a Biblioteca Marguerite Durand.

DISCOURS

MADAME JANE CATULLE MENDÈS

MADAME DANIEL LESUEUR
(au nom de la Société des Gens de Lettres)

MONSIEUR MEDEIROS E ALBUQUERQUE
(de l'Académie Brésilienne)

MONSIEUR ERNEST GAUBERT
(au nom de la Critique Littéraire)

MONSIEUR GEORGES BOURDON
Chef de la rubrique "Amérique Latine" au Figaro

MADAME JULIA LOPES DE ALMEIDA

Programme du Concert

1. **Variations sur l'Hymne national brésilien**.. GOTSCHALK
   Mlle Magdalena Tagliafero *(1er prix du Conservatoire de Paris)*

2. *a)* **L'Ame européenne de l'Américain**...... JOAQUIM NABUCO
   b) **Saudades**........................... id.
   c) **Les Palmiers**.................... JANE CATULLE-MENDÈS
   Mlle Jeanne Derys, *du Théâtre Sarah Bernhardt.*

3 *a)* **Plainte d'Ariane**...................... A. COQUARD
   b) **La Vivandière**....................... B. GODARD
   Mme Charlette Greyge *du Théâtre National de la Monnaie.*

4. **Air de Harpe**
   Mlle Geneviève Gérard, *1er prix du Conservatoire.*

5. *a)* **Le Vieux Pays** .... MACHADO DE ASSIS
   b) **La Ville Merveilleuse**
   Mlle Marie Marcilly *de l'Odéon*

6. **Danses de Caractère**, musique de......... CHOPIN
   Mme Van Lee de Leur.

7. *a)* **Canzone** (poème de G. RIVET)....... H. HAMOIR DE RIO-BRANCO
   b) **Gavotte** (poème de VICTOR HUGO)..... GINA DE ARAUJO
   Mlle Romanitza *de la Gaîté Lyrique*

8. **Malazarte**.............................. GRAÇA-ARANHA
   Mlles de Dermonde et Jeanne Derys.

9. *a)* **Rêver ses rêves doucement** (poème de P. GÉRALDY)........................ H. HAMOIR DE RIO-BRANCO
   b) **Aube**.................................. DE MORAWSKI
   Mme de Calvas.

FAJLA [illegible]/1.1

10. **Œuvres**............................. CHOPIN
    Mlle Magdalena Tagliafero.

11. **La Ville Merveilleuse**.............. JANE CATULLE-MENDÈS
    Mme Marcelle Géniat, *de la Comédie-Française*

12. *a)* **Lied** composé spécialement pour la manifestation de sympathie littéraire en l'honneur de **Mme Julia Lopes de Almeida.** RUY COELHO
    Poème de M. AFFONSO LOPES DE ALMEIDA

    b) **Air de la Vie de Bohème**.......... PUCCINI
    Mlle Romanitza *de la Gaîté Lyrique.*

13. *a)* **Lohengrin**...................... RICHARD WAGNER
    b) **La Tosca**....................... PUCCINI
    M. César Bacchi *de la Scala de Milan.*

14. **Poèmes dansés et mimés**.............. MARCEL BERNHEIM
    Mlle Jane Ronsay.
    Chant : **Mme Maurat Sainselve** *des Concerts Lamoureux*
    Harpe : **Mlle Geneviève Gérard.**

15. **Hymne National Brésilien.**
    Mme de Calvas.

Rio majestueuse aux grâces cristallines !

Acervo do autor

Cidade maravilhosa (1922), de Olegário Mariano, e álbum de pinturas de Manuel Faria, de 1929, que se tornaria carnavalesco do tradicional Clube dos Fenianos.

Reprodução

Fundação Biblioteca Nacional

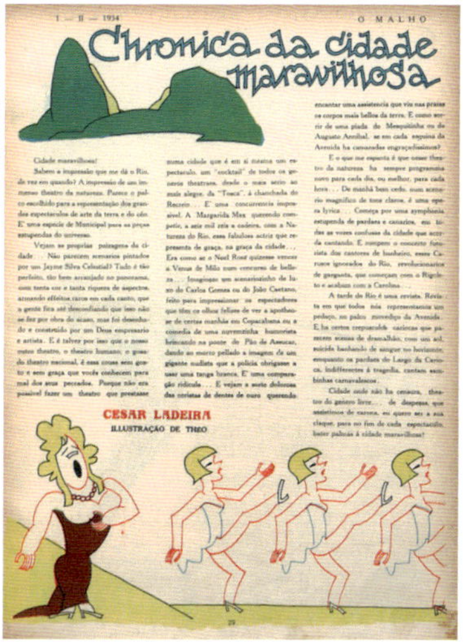
1 — II — 1934

O MALHO

Chronica da cidade maravilhosa

CESAR LADEIRA

ILLUSTRAÇÃO DE THEO

Reprodução

Nos anos 1930, surgem a coluna do radialista Cesar Ladeira, n'*O Malho* e na Rádio Mayrink Veiga; o espetáculo musical *Cidade Maravilhosa*, produzido e encenado por Aracy Cortes, na foto abaixo; e a marchinha de André Filho, incluída na trilha de *Alô, alô, Brasil.*

Funarte

O Globo

Foi Jane Catulle-Mendès, em 1912, Quem Batizou o Rio de Janeiro: Cidade Maravilhosa

UM grupo de leitores em carta a O GLOBO sugere a oportunidade de se dar o nome da poetisa francesa Jane Catulle-Mendès a algum logradouro público da cidade, por ocasião do seu IV Centenário. Filha do ilustre poeta parnasiano, publicou Jane Catulle-Mendès, em 1912, o livro de versos "La Ville Merveilleuse" que, a bem dizer, criou o título que se associaria de modo definitivo ao Rio de Janeiro — cidade maravilhosa. Traduzido por Coelho Neto, que a colocou à testa de uma coletânea de crônicas publicada em 1933, a frase-feita popularizou-se definitivamente, na marcha de

plendores tais haviam deslumbrado os seus olhos, afirmava ela, que era viajada, e o seu testemunho falaria alto a nosso respeito em seu país de origem.

Cidade Maravilhosa

Os diversos poemas do livro estão dedicados aos muitos amigos e pessoas gradas que Jane Catulle-Mendès conheceu no Rio; entre outros Pinheiro Machado, Nilo Peçanha, o Marquês de Paranaguá, Júlia Lopes de Almeida, Stela Guerra Duval, Laurinda dos Santos Lôbo, José Carlos Rodrigues, Conde Mendes de Al-

alto com o entusiasmo de sempre. E dentro dessa atmosfera de exaltação poética não deixa de fazer uma confidência pessoal amorosa, ousada para a boa sociedade da época, e só perdoável numa intelectual como a autora. Trata-se do poema "N'ayez pas de chagrins", pede aí a um anônimo apaixonado brasileiro "de olhos negros e fronte ardente", que não fique ressentido se lhe disse "não".

Um Livro Antigo

A edição de "La Ville Merveilleuse: Rio de Janeiro", apareceu em Paris no ano de 1913,

Por ocasião do IV Centenário do Rio de Janeiro, um grupo de leitores d'*O Globo* sugeriu que se batizasse um logradouro público em homenagem a Jane Catulle Mendès. O jornal publicou um texto relembrando sua viagem.

Reprodução

Ao lado, a poeta autografa *Ton amour n'est pas à toi*, publicado pela Albin Michael, em 1927.

com a autora sabia direitinho que os versos de "N'ayez pas de chagrin" [Não te aflijas] foram para si. O clima esquentou, houve quem tivesse visto e a revista *Fon-Fon* registrou – a francesa ainda estava na cidade – na edição de 18 de novembro de 1911: "Consta – e damos a notícia com toda a reserva – que Mme. Jane Catulle Mendes voltará breve ao Rio, para não deixar inconsolável um dos seus mais dedicados cicerones". E assim a poeta descreveu em seu diário poético aquele momento de emoção do encontro entre a musa com um fã apaixonado:

> Não te aflijas não no dia que eu partirei,
> Saiba-lo, petiz, vosso peito me é sagrado.
> Vós que me elegestes e que a mim escolheria
> Para me dar em noite imortal e dourada,
> Tudo o que há em vosso ser de austera poesia,
> Não te aflijas pela resposta negadora
> Passo e não sou mais que uma voz e uma figura,
> Uma imagem que aporta um sonho em sua face,
> Fantasma adornado que canta e se esvanece.
>
> Sou gentil, pois, e amaria me interessar
> Por outro coração, que saberia eu tocar,
> Mas sou condenada a carregar um troféu,
> Um encanto atroz me impede ser feminina,
> Se não repousei, nessa hora que se ilumina,
> Minha boca em vossa boca e minha alma em vossa
> Não te aflijas pois sou nada além de uma fada...
>
> Porém, desde a noite que tive vosso rosto
> Nas minhas humanas mãos, duas mãos ardentes
> Afagando-te as têmporas tremeluzentes,
> Vós lembrar-vo-lo-ei nos anos que chegarão;
> E vós contareis sobre uma alma que se alarma,
> Que uma noite convosco, sem suspiros, sem beijos
> Tocando vossa testa com meus dedos em brasas,
> Dei-me mais do que qualquer outra que se entrega.

É nítida, a partir de "Méditation" [Reflexão], já na reta final do livro, a mudança do tempo verbal para o futuro ou o emprego do subjuntivo. A saudade traduz-se em versos como "Quando serei para ti o sonho de uma ausência" e abre-se espaço para conjecturas tão longínquas quanto imaginar como será o Rio dali a muitas décadas. "Veja bem – Qual face terás daqui a cem anos?", questiona em "Adieu" [Adeus]; e "Não passará de um aqui jaz no cemitério", verso de "Dans longtemps" [Em muito tempo], em que imagina um jovem de olhos negros, no futuro, lendo *La ville merveilleuse*, livro dedicado à cidade desse leitor solitário.

A primeira vez que li tais versos foi em 2013, no centenário da publicação da obra de Jane Catulle Mendès. Não pude deixar de me espantar, o poema descrevia justamente o que eu fazia naquele instante na escrivaninha de casa. Reconheci-me de imediato na cena. Tratando-se de um livro tão raro, dificilmente haveria, naquele ano, outro leitor folheando o "airoso camafeu". Chamei minha mulher para relatar, ligeiramente atordoado, que naqueles versos a poeta parecia dirigir-se a mim.

> Ó Rio estonteante, Cidade dos astros,
> Em muito, em muito tempo, quando eu descansar
> Sob a lívida pedra e sob o manto alvar
> Guarde um pouco para mim o *souvenir* sacro
>
> Que sobre o livro em que cantei sua pujança,
> Pensativo, um jovem coração sonhador
> Absorto em meu poema ardente, reconheça
> Como por tua beleza exibi fervor.
>
> Que um moço parecido com este que eu vejo
> Contra o meu reflexo erga sua íris escura,
> E sinta irromper nele um alegre desejo
> Para encontrar o tom de inicial quimera.
>
> Que a cabeça em suas mãos, na Biblioteca
> Ali ao pé do morro onde crescem flores de ouro,

o indolente petiz come uma melancia,
o mar vem rebentar em seu eterno estouro,

Pensa ele nos idos deste belo país
Cujo meu livro será o airoso camafeu,
Que com coração bondoso e alma pueril
Ele ama meu país porque eu amei o seu.

E então mirando minha sorridente imagem,
Tudo o que resistirá de quem fui em vida,
Seu coração me preste uma doce homenagem
E ora assaltado de nostalgia imprevista.

Que ele pense tanto em mim, que afinal venere-me,
Uma vez que eu nunca quis nada além de amor,
Que além do instante de meu suspiro sublime,
Seja eu amada um dia mais, um sol se pôr!

– E que um velho também diga: "Eu a conheci;
"Eis, caro petiz ao meu joelho agarrado,
"Foi da França um dia que ela veio até aqui,
"França, tu sabes bem, país edulcorado".

Que a criança séria e que o velho taciturno,
que ambos ainda me guardem em seus corações,
Quando repousarei no pedregoso túmulo,
Que o amor deles recaia em mim como uma flor.

Se por minha doce voz fostes encantada,
Maravilhoso Rio, Encanto de Cidade
Ame-me mais tempo; mais tempo ser amada
É tudo que quero para a imortalidade.

Se já estava completamente envolvido por aquela vida mirabolante e pelos refinados poemas, depois da leitura de "Dans longtemps", o resgate da memória tornou-se quase um apelo. Soou como um pedido de uma amiga de longa data. Tantos pesquisadores renomados, que me inspiram até hoje, passaram distraídos pelo nome de Jane e repetiram equívocos sobre a fabulosa personagem. Coube a mim contar sua história e alertar para a confusão gerada, devido a um preciosismo burocrático, na única homenagem prestada a madame Catulle Mendès na Cidade Maravilhosa.

Genealogia do esquecimento e a gênese do epíteto

Ao menos uma dúzia de jornais franceses e brasileiros saudaram a chegada de *La ville merveilleuse* às livrarias. O *Le Figaro* reproduziu em meia página um dos maiores poemas do livro, "Méditation", que abre com o verso "Límpida manhã, ó, Cidade Maravilhosa" e se encerra com a localização e a data: "Do alto da torre do *Jornal do Commercio*. Rio de Janeiro, novembro de 1911".[234] O novo prédio do periódico brasileiro fundado em 1827 com seu ecletismo elegante, em plena Avenida Central, um dos mais altos da cidade, era motivo de enorme orgulho para os cariocas. Lá de cima, em sua torre, descortinava-se a avenida de ponta a ponta. Olhando-se na direção sul, avistava-se o Pão de Açúcar, e na outra, ao fundo, a Serra dos Órgãos com o Dedo de Deus.

Entre as folhas nacionais, o *Jornal do Brasil* derramou-se em elogios. Ao título da matéria, "La ville merveilleuse", seguia-se uma breve resenha recheada de adjetivos. São quase quarenta num texto de pouco mais de sessenta linhas antes de reproduzir os versos em francês de "Promenade" [Passeio], dedicado ao conde Mendes de Almeida, um dos diretores do *Jornal do Brasil*.[235] O *Almanaque Garnier* para 1914, com os pontos altos do ano anterior, reproduziu na parte dedicada aos poetas estrangeiros dois poemas, entre eles "La bibliothèque" [A biblioteca], escrito por Jane depois de visitar a Biblioteca Nacional na companhia de seu diretor Cícero Peregrino da Silva.

Para uma sociedade sedenta por reconhecimento, fluente em francês, que competia com Buenos Aires pelo título de Paris dos trópicos, os versos da francesa soavam como uma sinfonia e conectavam o Rio de forma definitiva à expressão. Havia inúmeras cidades descritas nos jornais como maravilhosas – numa rápida pesquisa, a lista ia de Barbacena, em Minas Gerais, a Niterói, do outro lado da Baía de Guanabara, passando por Nova York, Nápoles e Bagdá. Nenhuma dessas, no entanto, tinha uma declaração de amor à altura da surgida da pena de uma das mais célebres personagens da Belle Époque.

A expressão foi incorporada, aos poucos, na alegria e na tristeza, ao vocabulário de outras celebridades que visitaram a cidade naquela década e também da imprensa. *A Notícia*, de São Paulo, promoveu, ao longo de três meses, um concurso cujo primeiro prêmio era um passeio ao Rio de Janeiro, "a cidade maravilhosa, conforme qualificou a notável poetisa francesa Jane Catulle Mendès".[236] Ao criticar a falta d'água, o *Correio da Manhã* ataca: "Assim, está o Rio de Janeiro, a bela cidade maravilhosa, como já a chamaram, dependente da chuva, de um fenômeno atmosférico, para ter água que mate a sede aos seus habitantes e sirva a outros místeres".[237]

O epíteto circulou amplamente uma vez mais no *grand monde* parisiense e carioca, a poucos meses da eclosão da Primeira Guerra Mundial, associado a um histórico banquete organizado por Jane em homenagem à sua dileta amiga Júlia Lopes de Almeida, no MacMahon Palace. Ante 160 personalidades das letras francesas e brasileiras, a romancista foi saudada como a George Sand do Brasil.[238] Por ironia das ironias, um jornal parisiense se referiu a Filinto de Almeida, marido de Júlia, como o sr. Lopes de Almeida, acrescentando erroneamente o sobrenome Lopes que pertencia somente à Júlia. Colega de Filinto na ABL, Medeiros e Albuquerque compareceu curiosamente trajando seu fardão, sentando-se ao lado esquerdo de Jane, que, por sua vez, tinha ao seu lado direito a homenageada.[239]

As amigas dos tempos de *La Fronde* e do prêmio La Vie Heureuse compareceram em peso. Vieram as bestsellers Marcelle Tinayre e Myriam Harry, a jornalista Caroline de Broutelles, editora da revista *La Vie Heureuse* e Caroline de Rémy, mais conhecida como Séverine, com sua presença hipnótica, que falou algumas palavras de improviso. Madame Daniel Lesueur, presidente da Société de Gens de Lettres [Sociedade de Literatos], recorreu a um discurso escrito em que saudou a literatura brasileira "não como uma filial da literatura francesa". "Marcha ao lado dela. É uma irmã, singularmente próxima, por contribuições advindas da mesma fonte do atavismo latino. No entanto, ela tem sua independência, sua espontaneidade, sua originalidade", elogiou madame Lesueur. "Os aportes da natureza física, do clima, das paisagens grandiosas, e também as interações de diferentes raças, derramaram nos herdeiros brasileiros de Camões uma seiva inesperada, vigorosa, plena de frescor e juventude".[240]

No crepúsculo da Belle Époque, embalado pela pianista brasileira Magdalena Tagliaferro, os convivas degustaram um menu que misturava especialidades locais como o *consommé* luteciano e o creme de papoulas com outras criações especialmente pensadas para homenagear o Brasil, como o *sorbet* flamboyant, apresentado no cardápio logo depois da entrada, o tornedor a Machado de Assis, a salada Tijuca e o coração de palmito. De sobremesa, teve *parfait* à Júlia Lopes de Almeida e bacuri do Maranhão, além de frutas francesas, servidos na companhia de café de São Paulo e licores.

Como nas outras *soirées* dedicadas ao Brasil, um elenco de atrizes dos principais teatros de Paris foi escalado para declamar poesias brasileiras traduzidas para o francês – Joaquim Nabuco e Graça Aranha –, e poesias francesas, sendo uma de *La ville merveilleuse*, "Les palmiers" [As palmeiras]. Graças à tradução pioneira de Adrien Delpech, falou-se de Machado de Assis. A noite histórica novamente colocou em evidência o epíteto não apenas nos principais jornais franceses, mas também no programa do banquete no MacMachon Palace.*

* O programa com o cardápio do banquete em homenagem a Júlia Lopes de Almeida e as atrações musicais está preservado numa instituição

Ilustrado com duas imagens da paisagem carioca, reproduzia versos de *La ville merveilleuse*. Em seu retorno ao Rio, ao ser perguntado sobre a homenagem à qual comparecera, Olavo Bilac inflacionou a quantidade de convivas – segundo o poeta eram quatrocentos – e mencionou o discurso de madame Catulle Mendès, a quem ele chamava de "apologista das belezas do Rio, que ela chama: la ville merveilleuse".[241]

João do Rio também atribuiria a expressão a madame Catulle Mendès em crônica que seria publicada em 1917 pelo jornal *O Paiz*. Era, portanto, bem improvável que, nos meios literários cariocas, se ignorasse a homenagem prestada pela francesa ao Rio em seu livro de poemas. Houve quem ficasse ressentido pela primazia atribuída a Jane, mas veio a guerra e a partir dali a criadora do epíteto e a sua criação seguiram por caminhos distintos e que nunca mais voltariam a se cruzar.

Tomada por sentimento patriótico, a poeta que um dia quis ser útil ao Brasil agora precisava se dedicar ao próprio país. Aos 48 anos, engajou-se da forma como pôde e como sabia fazer melhor. O discurso acerca do heroísmo da mulher francesa apresentado numa das palestras cariocas fazia mais sentido do que nunca e foi a esse respeito que versaram as conferências que Jane proferiu, em 1915, quando visitou Nova York. Num esforço de propaganda para atrair novos aliados – os Estados Unidos só entrariam no conflito, ao lado da França, em fevereiro de 1917 – e para angariar fundos para a instituição em apoio aos feridos e mutilados que liderava. Seu papel foi elogiado pelo *The New York Times* numa matéria de página praticamente inteira sobre como a mulher francesa tinha mudado com a guerra.[242]

Quando, dez anos depois do início do conflito armado, a editora Ernest Flammarion lançou uma coletânea com trechos de seus quatro primeiros livros – *La ville merveilleuse* entre eles

---

francesa, a Biblioteca Marguerite Durand, e numa brasileira, a Academia Brasileira de Letras.

–, Jane intitulou-a *Poèmes de temps heureux* [Poemas dos tempos felizes]. Eram os poemas dos tempos felizes não apenas por se referirem ao período antes dos horrores do sangrento conflito, marcado pelo combate homem a homem nas trincheiras, mas também por se referirem ao período antes da mais devastadora tragédia pessoal: a morte do seu caçula, o filho que tivera com Abraham. Primice morreu no campo de batalha em 23 de abril de 1917, aos 21 anos, em Aisne, no nordeste da França.[243] Seus esforços para exumar o corpo do filho no cemitério de campanha e trazê-lo de volta para enterrá-lo junto ao pai, em Paris, e todo o processo de luto seriam registrados num dilacerante diário publicado em 1921 pela Lemerre com o título *La prière sur l'enfant mort* [A oração pelo filho morto].

Nesse testemunho, sabemos que Jane àquela altura se relacionava com os rebentos do primeiro casamento e que eles aguardavam o retorno do meio-irmão do *front* para sua colocação em alguma das empresas do império têxtil de Marcel Boussac. Os negócios do filho do meio de Jane com Louis, por ironia do destino, prosperaram com a venda de uniformes ao Exército durante o conflito armado.

Jane Catulle Mendès seguiu ativa na vida cultural francesa, escrevendo para os jornais, proferindo conferências e lançando livros. Fundou um prêmio literário em memória de Primice e outro de seu pai, Abraham. Por ocasião da conquista do prêmio da Legião da Honra em 1925, a mais importante comenda concedida pelo Estado francês, listou-se os livros publicados até aquele momento.[244] Na poesia, foram *Les charmes* (1904), *Le coeur magnifique* (1909), *La ville merveilleuse* (1913)* e *Poèmes des temps heureux* (1924). Em prosa, *Chez soi* [Em casa] (1910); *Une parisienne à Madrid* [Uma parisiense em Madri] (1915) e *La prière sur l'enfant mort* (1921). E estava para lançar *France, ma bien-aimée* [França, minha bem-amada]. Desde a primeira

* Na matéria, o livro está datado equivocadamente como 1912.

conferência sobre Veneza em 1907, já teria alcançado a marca de 520 palestras.[245]

O trabalho de assistência na guerra e a comoção geral pela perda do filho contribuíram para a conquista dois anos mais tarde do título de Princesa da Bondade em consulta promovida pela publicação feminina *Minerva* junto às suas leitoras francesas.[246] Nessa ocasião também foram escolhidas princesas em outras dezoito categorias, e Jane foi a mais votada também nas categorias da Crítica e da Eloquência, ficando em segundo lugar entre as Princesas das Poetas e as Princesas das Letras. Ela foi a personalidade que mais votos recebeu.

E madame Catulle Mendès nunca mais retornou ao Brasil nem ao Rio de Janeiro, ainda mais depois de cair de amores pela Córsega, ilha francesa no Mediterrâneo de forte influência genovesa. Sua primeira visita ao arquipélago foi na Páscoa de 1927, a bordo do hidroavião da companhia Air Union. Ela também escreveu um livro sobre a ilha, *Orlinda, coeur corse* [Orlinda, o coração corso] – lançado dois anos depois da visita –, estabeleceu laços de amizade com artistas locais e se envolveu numa trama que quase resultou num fim trágico.

Jane acompanhou com interesse a condenação de Madeleine Mancini, uma jovem na casa dos 20 anos, a prisão perpétua e a reação da população local que sabia de sua inocência. Com base em um falso testemunho, ela foi considerada culpada por tramar a morte do tio e dos primos no caso que ficou conhecido como o Caso Romanetti. Jane valeu-se de seu prestígio na imprensa para alertar da injustiça, retornou algumas vezes à ilha para colher testemunhos e conseguiu autorização para visitar a jovem na prisão em Marselha.[247] O caso foi reaberto, a Justiça reconheceu seu erro e viria a reverter a pena de Madeleine. Em 1932, durante visita a uma amiga, Jane, ao sair de seu hotel, foi atingida por um disparo no braço esquerdo. Temendo pela sua segurança, partiu imediatamente para Marselha, onde foi hospitalizada e denunciou o atentado que acabara de sofrer.[248] Parte dos jornais locais acusaram-na de ter forjado o crime contra si própria.

Já no Rio de Janeiro a euforia parecia não ter fim. Como parte dos preparativos para o centenário da Independência, o Morro do Castelo foi completamente arrasado, dando lugar a uma ampla esplanada onde foram erguidos os pavilhões temporários da Exposição Internacional de 1922, evento internacional nos moldes daquele realizado em 1889 na França. A cidade maravilhosa seguia em sua marcha frenética rumo aos bairros litorâneos com o alargamento da Avenida Atlântica, em Copacabana, e a abertura da Epitácio Pessoa, ao redor da Lagoa Rodrigo de Freitas, contígua a Ipanema.

Foram inaugurados dois hotéis cinco estrelas que se tornaram ícones cariocas: o Glória, na Avenida Beira-Mar, de frente para o Pão de Açúcar, e o Copacabana Palace, de frente para a praia. Em 1922, o presidente Epitácio Pessoa recebe das mãos da poeta Laurita Lacerda, "em nome da comissão de senhoras brasileiras", um abaixo-assinado pela construção de um monumento ao Cristo Redentor no alto do Corcovado. Nesse embalo, o Rio de Janeiro foi novamente saudado como a Cidade Maravilhosa, desta vez numa obra brasileira cujo título era acompanhado do complemento: "poemas de Olegário Mariano". Festejado pela imprensa, *Cidade maravilhosa* alcançou sucesso imediato e, em menos de um mês, a tiragem do livro do prodígio poeta pernambucano, que surgira para as letras nacionais aos 22 anos, já estava quase esgotada. Primo de Manuel Bandeira, Olegário chegaria à Academia Brasileira de Letras quatro anos depois da publicação e seria eleito o Príncipe dos Poetas no fim dos anos 1930 em concurso promovido pela revista *Fon-Fon*. Consta que Jane nunca tenha protestado, apesar de ter tomado conhecimento da homenagem.[249]

Em 1929, mais uma obra de outro autor bastante popular voltaria a estampar a expressão "Cidade Maravilhosa" na capa, desta vez acompanhado do subtítulo "Crônicas". Coelho Neto, recém-eleito o Príncipe dos Prosadores Cariocas, resolvera avocar para si a paternidade do epíteto. Seu texto "Os sertanejos", publicado em 1908, em *A Notícia*, por ocasião da Exposição Nacional realizada na Urca, alegava ele, seria a prova cabal de sua primazia. Ao se ler a crônica, no entanto, não resta dúvida de que utilizara a expressão para se referir ao novo bairro, "com as avenidas largas, margeadas de palácios colossais".[250]

Aquela elite que um dia, no início do século XX, quis ser francesa, agora, nos anos 1930, tinha um leque maior de modelos nos quais se espelhar, numa paleta que percorria desde o verde-amarelo nacionalista até o azul e vermelho com estrelas brancas do cinema de Hollywood. No ano seguinte à publicação das crônicas de Coelho Neto, o pintor Manuel Faria inaugurou no Liceu de Artes e Ofícios a exposição *A Cidade Maravilhosa* com telas retratando paisagens cariocas, que daria origem a um álbum ilustrado, cuja tiragem recebeu patrocínio do Departamento de Turismo.[251] O Cristo Redentor não entrou porque seria inaugurado no ano seguinte.

Manuel, tido como "um dos pintores modernos mais simpáticos e prestigiados pelo grande público",[252] se tornaria carnavalesco de um dos mais tradicionais blocos do Rio. O Clube dos Fenianos, em 1934, em meio ao governo provisório de Getúlio Vargas, de forte ideologia nacionalista, levou à avenida um carro que saudava o centenário da criação do município neutro do Rio de Janeiro, desmembrado da província do Rio de Janeiro. O sexto carro alegórico da agremiação fazia referência a esse momento histórico ao exibir os bustos em grandes proporções de quatro governantes, entre eles o interventor Pedro Ernesto.* A sinopse do enredo trazia ver-

* Nomeado interventor do Distrito Federal por Getúlio Vargas em 1931, Pedro Ernesto incorporou o Carnaval à programação oficial da cidade, um pleito dos blocos e agremiações. Por ter sido reconduzido ao cargo em eleição indireta da assembleia constituinte, é considerado o primeiro prefeito eleito do Rio de Janeiro.

sos ufanistas que faziam referência à expressão utilizada por Manuel para batizar sua exposição.

Cidade maravilhosa
O nosso orgulho é profundo
É a mais linda e radiosa
Existente em todo o mundo

Ela tem rara beleza
Sob um belo céu de anil
Deu-lhe tudo a natureza
Dentro do nosso Brasil

A sua bela paisagem
É o mais lindo cenário
Comemoremos a passagem
Do Glorioso Centenário.

O Carnaval parecia não ter fim naquela cidade que convivia com o frenesi das roletas, dos cinemas lotados da Cinelândia e das transmissões ao vivo das primeiras rádios de cunho comercial. Carmen Miranda se projetaria anos mais tarde como o mais reluzente astro da era de ouro do rádio, mas antes dela teve Aracy Cortes. Com sua interpretação carismática e inovadora, teria conferido "ao samba alma nova e interpretação caracteristicamente brasileira". Aracy emplacou sucessos estrondosos do teatro de revista, cujo formato advinha das *folies bergères*, um tipo francês de espetáculo musical que tratava temas quentes do cotidiano com irreverência.[253]

Não poderia haver, em 1934, assunto mais palpitante do que a nova Constituição, promulgada em julho, que estipulava, depois dos conturbados episódios da Revolução de 1930, novas eleições. As mulheres viviam a expectativa de finalmente votar para Presidente, o sufrágio seria ampliado para todos os maiores de 18 anos e se asseguraria a proteção ao sigilo do voto, essa última condição considerada indispensável para a moralização do processo eleitoral. Na estreia à frente de sua própria companhia, Aracy Cortes levou aos palcos *Voto Secreto*, anunciada como "revista engraçadíssima e com charges e críticas políticas".[254]

Aracy estava em cartaz com a peça quando a *Gazeta de Notícias* anunciou outra votação que mobilizou os cariocas: qual seria o melhor artista do rádio nacional? Quem levaria o prêmio, um Chevrolet Sport preto, para casa?[255] Ao longo de três meses, o jornal promoveu intensamente a disputa em páginas ilustradas com fotos dos artistas e balanços periódicos que totalizaram quatorze.* No primeiro deles, Aracy apareceu na 13ª colocação, atrás de Sílvio Caldas, das irmãs Aurora e Carmen Miranda e do líder Mario Reis, com 1.300 votos a menos que ele. Na quarta parcial, ela já figurava entre os 5 mais, porém a desvantagem ainda era gigantesca – 17 mil votos a separavam do líder.

A curva de crescimento de Aracy mudou depois do anúncio de seu novo espetáculo, que marcaria a estreia do festejado *speaker* da PRA 9 Mayrink Veiga, pioneira estação de cunho comercial, como autor teatral. A voz de Cesar Ladeira irradiava de milhares e milhares de aparelhos diariamente às nove da noite crônicas faladas, num programa batizado *Crônicas da Cidade Maravilhosa*, que daria origem a uma coluna homônima na revista *O Malho*. O musical, homônimo ao programa de rádio, estreou no dia 6 de janeiro de 1935, também no Teatro Recreio. Sua parte final foi descrita como "uma linda apoteose ao Rio de Janeiro, cidade que Cesar Ladeira não esquece de proclamar como sendo a mais linda do mundo".[256]

Na 7ª parcial, Aracy conseguiu pela primeira vez ter mais votos do que Mario Reis, colega de Cesar Ladeira na Mayrink Veiga, mas ela seguiu em desvantagem até a penúltima apuração. Na 14ª e última, quando o número de eleitores bateu recordes e a cantora computou o dobro de cédulas do concorrente.

---

* O primeiro balanço foi publicado no dia 30 de novembro de 1934 e o último em 8 de março de 1935, dois dias depois da Quarta-Feira de Cinzas.

Foram 321.877 que garantiram o primeiro posto a Aracy. A grande estrela de *Cidade Maravilhosa* foi eleita pelo público a maior artista do rádio nacional numa eleição na qual foram lembrados 161 nomes, entre eles Paulo Pinto, merecedor de um único voto solitário. Carmen Miranda conquistou 5.732 cédulas a seu favor, o que lhe valeu o 11º lugar, sete posições à frente de sua irmã Aurora. Artistas que viriam a brilhar intensamente nas décadas seguintes despontaram discretamente naquela ocasião: Ary Barroso ficou na 75ª colocação com 1.271 menções, Lamartine Babo na 82ª, com 961, e outra Aracy, a de Almeida, parceira de Noel Rosa, na 86ª, com 928.

Todo o *frisson* gerado em torno daquele sucesso do teatro de revista levou André Filho, 91º colocado da votação, a compor a marchinha "Cidade Maravilhosa". Aurora Miranda conferiu candura aos "cheias de encantos mil", "coração do meu Brasil", "jardim florido de amor e saudade" e a canção ficou com a medalha de prata, sendo superada por "Coração ingrato", de Nássara e Frazão, no concurso de marchinhas e sambas promovido pela Prefeitura do Distrito Federal, comandada por Pedro Ernesto, em 1935.[257] A marchinha, no entanto, entrou na trilha sonora de *Alô, alô, Brasil* e ganhou sobrevida. Invadiu os salões das sociedades carnavalescas para se tornar a música do carnaval de 1936.

A plenos pulmões, os foliões obliteraram qualquer recordação de outras manifestações artísticas que um dia foram batizadas com a expressão "cidade maravilhosa". Nem a peça de Cesar Ladeira, nem o álbum de pinturas de Manuel Faria, nem os livros de Coelho Neto e de Olegário Mariano e muito menos o de madame Catulle Mendès.

Nada resistiu ao entusiasmo de confete, paetês, serpentina e lança-perfume do Carnaval de 1936. O epíteto tornou-se eterno e Jane morreu em Paris, em 1955, aos 88 anos, sem merecer nem sequer um único obituário de um jornal carioca.

Epílogo

A relação de Jane Catulle Mendès com a expressão que ela consagrou voltaria a ser lembrada na biografia do compositor Mário Penaforte, de Onestaldo de Pennafort, lançada em 1958. *Um rei da valsa* revisita Paris, em 1914, e menciona numa única página o banquete que Jane promovera em homenagem a Júlia Lopes de Almeida. Onestaldo de Pennafort não poderia imaginar que aquela breve menção fosse capaz de despertar no filho de Coelho Neto um ímpeto em defesa do espólio paterno. Paulo Coelho Neto publica, então, *Restabelecendo a verdade (em torno do nome Cidade Maravilhosa)*, livreto de dezesseis páginas, editado pela Livraria São José. Ao ser chamado para comentar a polêmica, depois de insistência do *Correio da Manhã*, Onestaldo defende categoricamente a primazia de Jane e afirma que Coelho Neto não precisava da "gloríola da criação do epíteto". Paulo publica, então, no sábado seguinte, um artigo em resposta no qual insiste: o pai, na crônica "Os sertanejos", de 1908, ao escrever "cidade maravilhosa" no meio de seu texto, referia-se ao Rio de Janeiro.

O filho de Coelho Neto voltaria a atacar sete anos mais tarde, quando, por ocasião da comemoração do IV Centenário do Rio de Janeiro, um grupo de leitores d'*O Globo* sugeriu que se batizasse um logradouro público da cidade em homenagem à inventora do epíteto. E Paulo escreve ao jornal uma carta na qual faz referência ao seu livreto de dezesseis páginas. O governador do Estado da Guanabara, Negrão de Lima, no entanto, ignora o apelo de Coelho Neto e, no ano seguinte, batiza uma praça em Campo Grande, na zona oeste da cidade, com o nome Catulle Mendès.

Há uma escola municipal defronte à Praça Catulle Mendès. Desde que descobri sua existência, tinha enorme curiosidade de conhecê-la. Em 2024, já havia retomado a escrita da atual versão do livro; entrei em contato com a diretora da Escola Municipal Mafalda Teixeira de Alvarenga para falar do meu desejo de fazer uma visita e, assim, conhecer o local. Expliquei em linhas gerais o meu projeto, fazia, então, doze anos que eu pesquisava a vida e a obra da poeta francesa homenageada com o nome daquela praça onde ficava a unidade escolar. "Mas todo mundo aqui acha que é uma homenagem a um poeta", argumentou Elisângela Ferreira. "Se você for no Google, você vai ver que é homenagem a um poeta."

Quem procura no buscador somente por Catulle Mendès, nome oficial da praça, realmente dá logo de cara com o histriônico marido. E, assim, talvez para economizar quatro letras e fazer o nome caber numa placa, que sequer um dia foi instalada, a única homenagem da Cidade Maravilhosa a Jane Catulle Mendès se perdeu.

Bibliografia

Abreu, Alzira Alves de (org.). *Dicionário Histórico-Biográfico da Primeira República. [Recurso eletrônico]: 1889-1930.* Rio de Janeiro: FGV, 2015.

Abreu, Maria Emília Vieira de. *Professora Leolinda Daltro: Uma proposta de catequese laica para os indígenas do Brasil (1895-1911).* Dissertação. (Mestrado em Educação: História, política e sociedade) - PUC-SP. São Paulo, p. 18. 2007.

Assis, Machado de. *Quelques contes.* Paris: Garnier Frères, 1910.

Aurel, Mme. *Comment les Femmes deviennent Écrivains.* Paris: Censeur Politique & Littéraire, 1907.

Barreto, Lima. *Os subterrâneos do Morro do Castelo.* Rio de Janeiro: Dantes, 1997.

Barreto, Lima. *Recordações do escrivão Isaías Caminha.* São Paulo: Campos, 2023.

Bell, Alured Gray. *The beautiful Rio de Janeiro.* Londres: William Heinemann, 1914.

Bertrand, Alphonse. *Le Sénat de 1894: biographies des 300 sénateurs, avec avertissement et documents divers.* Paris: P. Mouillot, 1894.

Besnier, Patrick; Lucet, Sophie e Prince, Nathalie (orgs.). *Catulle Mendès - L'enigme d'une disparition.* Rennes: Presses Universitaires de Rennes, 2005.

Borges, Vera Lúcia Bogéa. *A batalha eleitoral de 1910.* Rio de Janeiro: Apicuri, 2011.

Faedrich, Anna (org.). *Júlia do Rio - Crônicas da Belle Époque carioca.* Rio de Janeiro: Bazar do Tempo, 2024.

Férreus, Paul Desjardin. *Annuaire du duel (1880-1889).* Paris: Perrin et Cie, 1891.

Ferrez, Gilberto (org.). *A muito leal e heróica cidade de São Sebastião do Rio de Janeiro - Quatro séculos de expansão e evolução.* Paris: Castro Maia, 1965.

Flaubert, Gustave. *Correspondance. Nouvelle* édition *augmentée.* Paris: Louis Conard, 1926, p. 209.

Gonzalez, Aurelia Castillo de. *Un paseo por Europa - Cartas de Francia (exposición de 1889) de Italia y de Suiza.* Havana: La Propaganda Literaria, 1891.

Hellmann, Risolete. *Carmen Dolores, escritora e cronista - Uma intelectual feminista da Belle Époque. Vol II.* Tese. (Pós-Graduação em Literatura) - Centro de Comunicação e Expressão, Universidade Federal de Santa Catarina. Florianópolis, 2015.

Holmes, Diana; Tarr, Carrie (orgs.). *A Belle Epoque? Women in French Society and Culture 1890-1914.* New York: Berghahn Books, 2006, p. 40.

Hugo, Victor. *Oeuvres complètes de Victor Hugo.* Paris: Nelson, 1910, p. 419.

Kessel, Carlos. *A vitrine e o espelho: o Rio de Janeiro de Carlos Sampaio.* Rio de Janeiro: Secretaria das Culturas, 2001. (Coleção Memória Carioca.)

King, Ross. *O julgamento de Paris: a revolução artística que deu origem ao impressionismo.* Rio de Janeiro: Record, 2023.

Lanceron, Elodie. *Catulle Mendès l'homme-orchestre. Literaturas.* Université de Bretagne occidentale - Brest, 2020. France. NNT: 2020BRES0015.

Lee, Anna. *O sorriso da sociedade - Intriga e crime no mundo literário da Belle Époque.* Rio de Janeiro: Objetiva, 2006.

Lessa, Carlos. *O Rio de todos os Brasis - Uma reflexão em busca de auto--estima.* Rio de Janeiro: Record, 2005.

Machado, Hilda. *Laurinda dos Santos Lobo - Mecenas, artistas e outros marginais em Santa Teresa.* Rio de Janeiro: Casa da Palavra, 2002.

Mariano, Olegário. *Cidade Maravilhosa - Poemas de Olegário Mariano.* Rio de Janeiro: Freitas Bastos, 1921.

Mariano, Olegário. *Cidade Maravilhosa - Poemas de Olegário Mariano.* São Paulo: Companhia Editora Nacional, 1929.

Mendès, Jane Catulle. *Poèmes des temps heureux.* Paris: Ernest Flammarion, 1924.

Mendès, Jane Catulle. *La prière sur l'enfant mort.* Paris: A. Lemerre, 1921.

Mendès, Jane Catulle. *La ville merveilleuse - Rio de Janeiro.* Paris: Sansot et Cie, 1913.

Mesch, Rachel. *Having it all in The Belle Époque.* Redwood City: Stanford University Press, 2013.

Mette, Célestin Marie. *Quelques réflexions sur le traitement des malades affectées de lésions valvulaires du coeur.* Paris: A. Derenne, 1874.

Morel, Charles et Henrique. *La ville de Rio de Janeiro et se environs.* Genève: L'Étoile du Sud, 1914.

Moutinho, Marcelo. *Estrela de Madureira: a trajetória da vedete Zaquia Jorge, por quem toda cidade chorou.* Rio de Janeiro: Record, 2024.

Needell, Jeffrey D. *Belle Époque tropical.* São Paulo: Companhia das Letras, 1993.

Neveux, François (org.). *De l'hérétique à la sainte.* Caen: Presses universitaires de Caen, 2012.

Pennafort, Onestaldo de. *Um rei da valsa.* Rio de Janeiro: São José, 1958.

Pochna, Marie-France. *Bonjour, monsieur Boussac.* Paris: Robert Laffont, 1980.

Prin-Conti, Wendy (org.). *Femmes poètes de la Belle Époque: heurs et malheurs d'un heritage.* Paris: Honoré Champion, 2019.

Rio, João do. *As religiões no Rio.* Rio de Janeiro José Olympio, 2006.

Rio, João do. *Memórias de um rato de hotel.* Rio de Janeiro: Dantes, 2000.

Rio, João do. *O momento literário.* Rio de Janeiro: Garnier, 1908.

Rio, João do. *Vida vertiginosa.* Rio de Janeiro: José Olympio, 2021.

Rocha, Everardo e Lana, Ligia Campos de Cerqueira. *Fama e afetação: As passagens de Sarah Bernhardt pelo Rio de Janeiro (1886-1905), in:* FAMECOS. 1º ago. 2017.

Rodrigues, João Carlos. *Vida e obra de João do Rio.* Rio de Janeiro: Civilização Brasileira, 2024.

Sandroni, Cícero. *180 anos do Jornal do Commercio - 1827-2007: De D. Pedro I a Luiz Inácio Lula da Silva.* Rio de Janeiro: Quórum Editora, 2007.

Sevcenko, Nicolau. *A Revolta da Vacina: Mentes insanas em corpos rebeldes.* São Paulo: Editora Unesp Digital, 2018.

Simas, Luiz Antonio. *Pedrinhas miudinhas: ensaios sobre ruas, aldeias e terreiros.* Rio de Janeiro: Mórula, 2013.

Schwob, Marcel. *La tragique histoire d'Hamlet.* Paris: François Bernouard, 1928.

Turazzi, Maria Inez. *Um porto para o Rio de Janeiro.* Rio de Janeiro: Bazar do Tempo, 2012.

Vasconcelos, Ary. *Panorama da música popular brasileira na Belle Époque.* Rio de Janeiro: Livraria Santanna, 1977.

Velloso, Monica Pimenta. *A cultura das ruas no Rio de Janeiro (1900-1930): mediações, linguagens e espaços.* Rio de Janeiro: Edições Casa de Rui Barbosa, 2004.

Notas

[1] Simas, Luiz Antonio. *Pedrinhas miudinhas: ensaios sobre ruas, aldeias e terreiros*. Rio de Janeiro: Mórula, 2013.

[2] *A Notícia*, 29 out. 1908, p. 3.

[3] *Correio da Manhã*, 13 jan. 1914, p. 1.

[4] Sevcenko, Nicolau. *A Revolta da Vacina: mentes insanas em corpos rebeldes*. São Paulo: Ed. Unesp, 2018. p. 48.

[5] *Correio da Manhã*, 13 ago. 1911, p. 3.

[6] Vogel, Jason. História automotiva: os campeões de vendas no Brasil... em 1912! *Uol*, 6 out. 2024. Disponível em: https://motor1.uol.com.br/features/736303/historia-ranking-vendas-brasil-1912/. Acesso em: 29 ago. 2025.

[7] Barreto, Lima. *Recordações do escrivão Isaías Caminha*. São Paulo: Campos, 2023.

[8] Borges, Vera Lúcia Bogéa. *A batalha eleitoral de 1910*. Rio de Janeiro: Apicuri, 2011.

[9] *O Paiz*, 14 jul. 1911, p. 4.

[10] Carvalho, Xavier. Cartas de Paris. *O Paiz*, 11 ago. 1911, p. 7.

[11] Carvalho, Xavier. Cartas de Paris. *O Paiz*, 11 ago. 1911, p. 7.

[12] *L'Étoile du Sud*, 24 set. 1911, p. 2.

[13] Carvalho, Xavier. Cartas de Paris. *O Paiz*, 11 ago. 1911, p. 7.

[14] *La Vie Heureuse*, 15 maio 1905, p. 19.

[15] Carvalho, Xavier. Cartas de Paris. *O Paiz*, 11 ago. 1911, p. 7.

[16] Carvalho, Xavier. Cartas de Paris. *O Paiz*, 11 ago. 1911, p. 7.

[17] *O Paiz*, 22 ago. 1911, p. 1.

[18] *O Paiz*, 22 ago. 1911, p. 3.

[19] *O Paiz*, 22 ago. 1911, p. 3.

[20] *O Paiz*, 27 ago. 1911, p. 4.

[21] *O Paiz*, 7 set. 1911, p. 5.

[22] *O Paiz*, 15 set. 1911, p. 4.

[23] *Jornal do Commercio*, Edição da Tarde, 18 set. 1911, p. 1.

[24] *O Paiz*, 20 set. 1911, p. 5.

[25] *Fon-Fon*, 30 set. 1911, p. 22.

[26] *A Imprensa*, 21 set. 1911, p. 1.

[27] *A Imprensa*, 21 set. 1911, p. 1.

[28] Comoedia, 27 jul. 1911, p. 3.

[29] Comoedia, 27 jul. 1911, p. 3.

[30] El Paso Herald, 27 fev. 1915, p. 1.

[31] Ver: https://www.inumis.com/shop/second-empire-prix-de-lecole-de-pharmacie-a-celestin-mette-par-farochon-1865-paris-1905155/. Acesso em: 30 ago. 2025.

[32] Mette, Célestin Marie. *Quelques réflexions sur le traitement des malades affectées de lésions valvulaires du coeur.* Paris: A. Derenne, 1874.

[33] *Heraldo de Madrid*, 6 mar. 1913, p. 4.

[34] Hugo, Victor. Les années funestes. *In*: *Oeuvres complètes de Victor Hugo*. Paris: Nelson, 1910, p. 419.

[35] Hugo, 1910, p. 451.

[36] Varennes, Henri. Gazette des Tribunaux. *Le Figaro*, 18 jun. 1902, p. 3.

[37] Boussac, Jeanne. Carta escrita em 25 jul. 1891. *Le Figaro*, 18 jun. 1902, p. 3.

[38] Boussac, Jeanne. Carta escrita em 25 jul. 1891. *Le Figaro*, 18 jun. 1902, p. 3.

[39] Varennes, Henri. Gazette des Tribunaux. *Le Figaro*, 18 jun. 1902, p. 3.

[40] Bertrand, Alphonse. *Le Sénat de 1894: biographies des 300 sénateurs, avec avertissement et documents divers.* Paris: P. Mouillot, 1894.

[41] Pochna, Marie-France. *Bonjour, monsieur Boussac.* Paris: Robert Laffont, 1980.

[42] Pochna, 1980, p. 14.

[43] Pochna, 1980, p. 13.

[44] Varennes, Henri. Gazette des Tribunaux. *Le Figaro*, 18 jun. 1902, p. 3.

[45] Lanceron, 2020, p. 63.

[46] Flaubert, Gustave. *Correspondance*. Nouvelle édition augmentee. Paris: Louis Conard, 1926. p. 209. (Ouvres complètes de Gustave Flaubert, t. 5).

[47] Varennes, Henri. Gazette des Tribunaux. *Le Figaro*, 18 jun. 1902, p. 3.

[48] Mendès (1921).

[49] González, Aurelia Castillo de. *Un paseo en Europa: Cartas de Francia (Exposición de 1889), de Italia y de Suiza*. Habana: La Propaganda Literaria, 1891. p. 16.

[50] González, 1891, p. 29.

[51] González, 1891, p. 37.

[52] González, 1891, p. 37.

[53] Mendès, Jane Catulle. Ballade de la belle marraine. *Femina*, 15 jul. 1907, p. 22.

[54] *The New York Times*, 22 fev. 1915, p. 1.

[55] Rocha, Everardo; Lana, Ligia Campos de Cerqueira. Fama e afetação: as passagens de Sarah Bernhardt pelo Rio de Janeiro (1886-1905). *Famecos*, Porto Alegre, v. 24, n. 3, set./out./dez. 2017. Disponível em: https://revistaseletronicas.pucrs.br/revistafamecos/article/view/26222. Acesso em: 30 ago. 2025.

[56] Rocha; Lana, 2017, p. 11.

[57] Harvey, Steve. Even After a Car Accident, Actress Delivers a Smashing Performance. *Los Angeles Times*, Oct. 23, 2010. Disponível em: https://www.latimes.com/archives/la-xpm-2010-oct-23-la-me-1024-then-20101023-story.html. Acesso em: 12 jul. 2025.

[58] Descrição feita a partir da gravura "The Interior of the Lemercier Lithography Firm", que pertence à Coleção de Arte Gráfica da Universidade de Princeton. Disponível em: https://graphicarts.princeton.edu/2016/12/08/the-interior-of-the-lemericer-lithography-firm/. Acesso em: 12 jul. 2025.

[59] Ver: https://www.muchafoundation.org/en/timeline#.

[60] *Arcachon-Saison*, 24 dez. 1896, p. 1.

[61] Machado, Cassiano Elek. Schwob, o escritor dos escritores. *Folha de S.Paulo*, 2 maio 1997. Disponível em: https://www1.folha.uol.com.br/fsp/ilustrad/fq020533.htm. Acesso em: 13 jul. 2025.

[62] Schwob, Marcel. *La tragique histoire d'Hamlet*. Paris: François Bernouard, 1928. (Les ouvres complètes de Marcel Schwob, 1867-1905 – Théâtre II).

[63] *Le Figaro*, Supplément Illustré, maio 1899.

[64] *Arcachon-Saison*. 24 dez. 1896, p. 1.

[65] Tinayre, Marcelle. Les Premieres. *La Fronde*, 22 maio 1899, p. 3.

[66] *Le Figaro*, Supplément Illustré, maio 1899.

[67] Leudet, Maurice. Le duel Catulle Mendès-Vanor. *Le Figaro*, 24 maio 1899, p. 3.

[68] Pourquoi les Français ont toujours adoré les duels? *Ouest France*, L'édition du soir, 3 maio 2017. Disponível em: https://www.ouest-france.fr/leditiondusoir/2017-05-03/pourquoi-les-francais-ont-toujours-adore-les-duels-c089b26f-2883-408a-859a-624037911d74. Acesso em: 13 jul. 2025.

[69] Férreus, Paul Desjardin. *Annuaire du duel (1880-1889)*. Paris: Perrin et Cie, 1891.

[70] Pourquoi les Français..., 2017.

[71] Férreus, 1891.

[72] *La Revue Blanche*, 1º jan. 1895, p. 574.

[73] *La Revue Blanche*, 1º maio 1898, p. 304.

[74] Leudet, Maurice. Le duel Catulle Mendès-Vanor. *Le Figaro*, 24 maio 1899, p. 3.

[75] Leudet, 1899, p. 3.

[76] Leudet, 1899, p. 3.

[77] Néron, Marie-Louise. Le duel Catulle Mendès-Georges Vanor. *La Fronde*, 24 maio 1899, p. 1.

[78] Mendès, Jane Catulle. Celles qui sont parties. *La Fronde*, 14 out. 1898, p. 1.

[79] Mendès, Jane Catulle. Au courant de la vie. *La Fronde*, 19 abr. 1898, p. 1.

[80] Mendès, Jane Catulle. Prévoyance. *La Fronde*, 6 set. 1898, p. 1.

[81] Mendès, Jane Catulle. Les reflets qui ne se rejoindront pas. *La Fronde*, 23 ago. 1898, p. 1.

[82] Mendès, Jane Catulle. Au courant de la vie. *La Fronde*, 19 abr. 1898, p. 1.

[83] Mendès, Jane Catulle. [Carta de demissão]. Destinatário: Marguerite Durand e Madame Fournier. Paris, s/d. 1898. Acervo Bibliotheque Marguerite Durand.

[84] Néron, Marie-Louise. Le duel Catulle Mendès-Georges Vanor. *La Fronde*. 24 maio 1899, p. 1.

[85] Mendès, Jane Catulle. L'ame du joujoux. *La Fronde*, 30 nov. 1898, p. 1.

[86] Lacour, Mary Léopold. Gamme de jours. *La Fronde*, 12 jun. 1899, p. 2.

[87] Lalauze, A. *Album Mariani: Second Volume*. Paris: Henri Floury, 1896.

[88] Allison, Maggie. Marguerite Durand et La Fronde: Voicing Woman in the Belle Epoque. *In*: Holmes, Diana; Tarr, Carrie (orgs.). *A Belle Epoque? Women in French Society and Culture 1890-1914*. New York: Berghahn Books, 2006. p. 40.

[89] Allison, 2006, p. 40.

[90] Dolman, Frederick. La Fronde: The First Daily Paper Produced for Women by Women. *The Strand MagazinE*, fev. 1900, p. 212.

[91] Robert, Sylvie. Colette journaliste. Gallica, 19 fev. 2018. Disponível em: https://gallica.bnf.fr/accueil/fr/html/colette-journaliste. Acessado em: 14 jul. 2025.

[92] Durand, Marguerite. Protestation feministe contre la célébration du centenaire du code civil. *La Fronde*, 1º nov. 1904, p. 1.

[93] *La Fronde*, 29 dez. 1901, p. 1.

[94] *La Presse*, 16 dez. 1904, p. 3.

[95] Barbusse, Henri. Les livres. *Femina*, 1º fev. 1905, p. 13.

[96] Flament, Albert. Les grandes premières. *Femina*, 1º dez. 1905, p. 29.

[97] Barbusse, Henri. Les livres. *Femina*, 1º fev. 1905, p. 13.

[98] *La Vie Heureuse*, 15 maio 1905, p. 19.

[99] *La Presse*, 6 nov. 1905, p. 1.

[100] Mendès, Jane Catulle. Celles qui sont parties. *La Fronde*, 14 out. 1898, p. 1.

[101] Mendès, Jane Catulle. Prévoyance. *La Fronde*, 6 set. 1898, p. 1.

[102] *La Vie Heureuse*, fev. 1905, p. 14.

[103] *La Vie Heureuse*, fev. 1905, p. 14.

[104] Mesch, Rachel. *Having it All in the Belle Epoque: How French Magazines Invented the Modern Women*. Stanford: Stanford University Press, 2013. p. 70.

[105] *Femina*, 15 abr. 1906, p. 38.

[106] Mendès, Jane Catulle. Matinées pour la jeunesse. *Femina*, 1º set. 1908, p. 16.

[107] *Femina*,15 jan. 1908, p. 18.

[108] *Femina*, 15 nov. 1908, p. 12.

[109] Mardrus, Lucie-Delarue. Os adversários. *Femina*, 1º nov. 1908, p. 28.

[110] Mardrus, Lucie-Delarue. Os adversários. *Femina*, 1º nov. 1908, p. 28.

[111] Mesch, 2013, p. 234.

[112] Mesch, 2013, p. 232.

[113] Mesch, 2013, p. 230.

[114] *Femina*, 1º jan. 1909, p. 24.

[115] Mesch, 2013, p. 233.

[116] Mesch, 2013, p. 237.

[117] Ballot, Marcel. La vie littéraire. *Le Figaro*, 8 fev. 1909, p. 4.

[118] Mendès, Jane Catulle. *In:* Ballot, Marcel. La vie littéraire. *Le Figaro*, 8 fev. 1909, p. 4.

[119] Filha de Henry Fouquier, crítico teatral colega de Abraham e amigo de Sarah Bernhardt.

[120] Mendès, Jane Catulle. In Ballot, Marcel. La vie littéraire. *Le Figaro*, 8 fev. 1909, p. 4.

[121] Ballot, Marcel. La vie littéraire. *Le Figaro*, 8 fev. 1909, p. 4.

[122] *Gil Blas*, 9 fev. 1909, p. 1.

[123] *Le Figaro*, 9 fev. 1909, p. 1.

[124] *Comoedia*, 9 fev. 1909, p. 2.

[125] Ballot, Marcel. La vie littéraire. *Le Figaro,* 8 fev. 1909, p. 4.

[126] Mendès, Jane Catulle. Ce que disent les pièces. *Femina*, 15 mar. 1909, p. 38.

[127] Almeida, Júlia Lopes de. Dois dedos de prosa. *O Paiz*, 8 ago. 1911, p. 1. *In*: Faedrich, Anna (org.). *Júlia do Rio: crônicas da Belle Époque.* Rio de Janeiro: Bazar do Tempo, 2024, p. 198.

[128] Almeida, Júlia Lopes de. Dois dedos de prosa. *O Paiz*, 8 ago. 1911, p. 1. *In*: Faedrich, 2024, p. 199.

[129] Almeida, Júlia Lopes de. Dois dedos de prosa. *O Paiz*, 22 nov. 1910, p. 1. *In*: Faedrich, 2024, p. 150.

[130] Almeida, Júlia Lopes de. Dois dedos de prosa. *O Paiz*, 27 dez. 1910, p. 1. *In*: Faedrich, 2024, p. 160.

[131] Almeida, Júlia Lopes de. Dois dedos de prosa. *O Paiz*, 27 dez. 1910, p. 1. *In*: Faedrich, 2024, p. 161.

[132] Almeida, Júlia Lopes de. Dois dedos de prosa. *O Paiz*, 27 dez. 1910, p. 1. *In*: Faedrich, 2024, p. 163.

[133] Dolores, Carmen. A semana. *O Paiz*, 25 mar. 1906, p. 1. *In*: Hellmann, Risolete Maria. *Carmen Dolores, escritora e cronista: uma intelectual feminina da Belle Époque.* 2015. Tese (Doutorado em Literatura) – Centro de Comunicação e Expressão, Universidade Federal de Santa Catarina, Florianópolis, 2015. v. II. p. 579.

[134] Almeida, Júlia Lopes de. Dois dedos de prosa. *O Paiz*, 27 dez. 1910, p. 1. *In*: Faedrich, 2024, p. 166.

[135] Almeida, Júlia Lopes de. Dois dedos de prosa. *O Paiz*, 8 ago. 1911, p. 1. *In*: Faedrich, 2024, p. 199.

[136] Almeida, Júlia Lopes de. Dois dedos de prosa. *O Paiz*, 15 nov. 1910, p. 1. *In*: Faedrich, 2024, p. 143.

[137] Machado, Hilda. *Laurinda dos Santos Lobo: mecenas, artistas e outros marginais em Santa Teresa*. Rio de Janeiro: Casa da Palavra, 2002, p. 78.

[138] Dolores, Carmen. A semana. *O Paiz*, 25 mar. 1906, p. 1. *In*: Hellmann, 2015, p. 509.

[139] Rio, João do. *O momento literário*. Rio de Janeiro: Garnier, 1908. p. 33.

[140] Grétry, Félicien. Les petits prodiges. *Femina*, 1º abr. 1908, p. 31.

[141] Costa, Maria Ione Caser da. O Lyrio: revista mensal. *BN Digital*, Periódicos & Literatura, [s.d.]. Disponível em: https://bndigital.bn.gov.br/dossies/periodicos-literatura/titulos-impressos-periodicos-literatura/o-lyrio-revista-mensal/. Acesso em: 19 jul. 2025.

[142] Almeida, Júlia Lopes de. Dois dedos de prosa. *O Paiz*, 30 ago. 1910. *In:* Faedrich, p. 109.

[143] *Gazeta de Notícias*, 24 jul. 1910, p. 7.

[144] Pimentel, Figueiredo. Binóculos. *Gazeta de Notícias*, 24 jul. 1910, p. 7.

[145] Dolores, Carmen. A semana. *O Paiz*, 31 jul. 1910, p. 1. *In:* Hellmann, 2015.

[146] Dolores, Carmen. A semana. *O Paiz*, 31 jul. 1910, p. 1. *In:* Hellmann, 2015.

[147] Dolores, Carmen. A semana. *O Paiz*, 30 jun. 1907, p. 1. *In:* Hellmann.

[148] Coelho Neto *apud* Hellmann, 2015, p. 131.

[149] Coelho Neto *apud* Hellmann, 2015, p. 131.

[150] Abreu, Alzira Alves de (org.). *Dicionário histórico-biográfico da Primeira República: 1889-1930*. Rio de Janeiro: FGV, 2015.

[151] Abreu, Maria Emília Vieira de. *Professora Leolinda Daltro: uma proposta de catequese laica pra os indígenas do Brasil (1895-1911)*. 2007. Dissertação (Mestrado em Educação: História, política e sociedade) – PUC-SP, São Paulo, 2007. p. 18.

[152] Abreu, 2007, p. 30.

[153] *Jornal do Commercio*, Edição da Tarde, 19 dez. 1910, p. 2.

[154] *Jornal do Commercio*, Edição da Tarde, 19 dez. 1910, p. 2.

[155] Costa, Gilka da. Às senhoras brasileiras sobre a emancipação feminina. *A República*, 10 ago. 1910, p. 1.

[156] *Revista da Semana*, 30 set. 1911, p. 9.

[157] Daltro, Leolinda. [Mensagem ao presidente da República]. Destinatário: Wenceslau Braz. Rio de Janeiro, 28 abr. 1917. *A Época*, 28 abr. 1917, p. 2.

[158] Abreu, 2015.

[159] Daltro, Leolinda. [Mensagem ao presidente da República]. Destinatário: Wenceslau Braz. Rio de Janeiro, 28 abr. 1917. *A Época*, 28 abr. 1917, p. 2.

[160] *Gazeta de Notícias*, 7 maio 1935, p. 7.

[161] *Fon-Fon*, 20 set. 1911, p. 22.

[162] Capéran, Ernest. Les hôtes illustres. *L'Étoile du Sud*, 12 fev. 1911, p. 1.

[163] Almeida, Júlia Lopes de. Dois dedos de prosa. *O Paiz*, 26 set. 1911, p. 1.

[164] *O Paiz*, 30 set. 1911, p. 4.

[165] *A Imprensa*, 29 set. 1911, p. 4.

[166] *O Paiz*, 30 set. 1911, p. 4.

[167] *Gazeta de Notícias*, 29 set. 1911, p. 3.

[168] Almeida, Júlia Lopes de. Mme Catulle Mendès. *O Paiz*, 3 out. 1911, p. 1.

[169] *Jornal do Commercio*, Edição da Tarde, 30 set. 1911, p. 1.

[170] *Gazeta de Notícias*, 30 set. 1911, p. 5.

[171] *Gazeta de Notícias*, 30 set. 1911, p. 5.

[172] *Correio da Manhã*, 30 set. 1911, p. 3.

[173] Mendès, Jane Catulle. Impressions de Rio de Janeiro. *L'Étoile du Sud*, 8 out. 1911, p. 1.

[174] *Jornal do Commercio*, 7 fev. 1874, p. 3.

[175] *Jornal do Commercio*, 31 out. 1882, p. 1.

[176] *Jornal do Commercio*, 21 out. 1883, p. 1.

[177] *Correio da Manhã*, 4 jul. 1911, p. 1.

[178] *L'Étoile du Sud*, 28 out. 1906, p. 1.

[179] *L'Étoile du Sud*, 28 out. 1906, p. 2.

[180] *L'Étoile du Sud*, 12 nov. 1911, p. 1.

[181] *L'Étoile du Sud*, 1º out. 1891, p. 2.

[182] Mendès, Jane Catulle. Impressions de Rio de Janeiro. *L'Étoile du Sud*, 8 out. 1911, p. 1.

[183] Mendès, Jane Catulle. Impressions de Rio de Janeiro. *L'Étoile du Sud*, 8 out. 1911, p. 1.

[184] Mendès, Jane Catulle. Impressions de Rio de Janeiro. *L'Étoile du Sud*, 8 out. 1911, p. 1.

[185] Mendès, Jane Catulle. Shéhérazade. *Shéhérazade*, 10 nov. 1909, p. 4.

[186] Prin-Conti, Wendy. Les femmes poètes, marraines littéraires oubliées de la jeunesse 1900. *In*: *Femmes poètes de la Belle Époque: heurs et malheurs d'un heritage*. Paris: Honoré Champion, 2019. p. 95-117.

[187] Mendès, Jane Catulle. A pariziense. *A Província*, 20 ago. 1911, p. 1.

[188] *L'Étoile du Sud*, 12 nov. 1911, p. 2.

[189] Almeida, Júlia Lopes de. Dois dedos de prosa. *O Paiz*, 15 nov. 1910, p. 1. *In*: Faedrich, 2024, p. 143.

[190] Almeida, Júlia Lopes de. Dois dedos de prosa. *O Paiz*, 15 nov. 1910, p. 1. *In*: Faedrich, 2024, p. 143.

[191] Jane mencionará esse aspecto no poema "La Bibliothèque", dedicado ao seu diretor, em *La ville merveilleuse*.

[192] *L'Étoile du Sud*, 12 nov. 1911, p. 2.

[193] *Careta*, 4 nov. 1911, p. 31.

[194] *O Paiz*, 20 out. 1911, p. 1.

[195] *O Paiz*, 22 out. 1911, p. 2.

[196] *A Noite*, 22 out. 1911, p. 1.

[197] *A Noite*, 22 out. 1911, p. 1.

[198] *A Noite*, 22 out. 1911, p. 1.

[199] Mendès, Jane Catulle. Las femmes de lettres Françaises. *Jornal do Commercio*, 10 nov. 1911, p. 3.

[200] Mendès, Jane Catulle. Las femmes de lettres Françaises. *Jornal do Commercio*, 10 nov. 1911, p. 3.

[201] Mendès, Jane Catulle. Las femmes de lettres Françaises. *Jornal do Commercio*, 10 nov. 1911, p. 3.

[202] Mendès, Jane Catulle. Las femmes de lettres Françaises. *Jornal do Commercio*, 10 nov. 1911, p. 3

[203] Gerard D'Houville, Fernand Gregh, Marie Dauguet, Lucie Felix Faure, Marthe Dupuy, Nicolette Henique, Hélène Picard e Rosemond Gerard.

[204] *A Imprensa*, 31 out. 1911, p. 12.

[205] *O Paiz*, 27 out. 1911, p. 3.

[206] *Jornal do Commercio*, Edição da Tarde, 27 out. 1911, p. 1.

[207] *O Paiz*, 1º nov. 1911, p. 4.

[208] *O Paiz*, 9 nov. 1911, p. 3.

[209] Rio, João do. As caricaturas de Ayres. *Gazeta de Notícias*, 18 out. p. 1.

[210] Gill, Ruben. O século boêmio. *Dom Casmurro*, 5 jun. 1943.

[211] Rio, João do. A princesa dos mil vestidos. *In*: Machado, 2002, p. 110.

[212] Mendès, Jane Catulle. Des fleurs. *Jornal do Commercio*, Edição da Tarde, 31 out. 1911, p. 1.

[213] *O Paiz*, 8 nov. 1911, p. 2.

[214] *O Paiz*, 8 nov. 1911, p. 2.

[215] Mendès, Jane Catulle. *La ville merveilleuse: Rio de Janeiro*. Paris: Sansot, 1913. p. 103.

[216] Rego, Costa. Traços da semana. *Correio da Manhã*, 27 nov. 1911, p. 1.

[217] *Careta*, 2 dez. 1911, p. 34.

[218] Carvalho, Xavier de. Cartas de Paris. *O Paiz*, 15 jan. 1912, p. 6.

[219] Carvalho, Xavier de. Cartas de Paris. *O Paiz*, 15 jan. 1912, p. 6.

[220] Carvalho, Xavier de. Cartas de Paris. *O Paiz*, 15 jan. 1912, p. 6.

[221] *Revue Franco-Brésilienne*, 1º fev. 1914, p. 9.

[222] Carvalho, Xavier de. Cartas de Paris. *O Paiz*, 15 jan. 1912, p. 6.

[223] Carvalho, Xavier de. Cartas de Paris. *O Paiz*, 15 jan. 1912, p. 6.

[224] *Paris-Journal*, 27 dez. 1911, p. 1.

[225] *Jornal do Recife*, 17 fev. 1912, p. 1.

[226] Carvalho, Xavier de. Cartas de Paris. *O Paiz*, 5 jun. 1912, p. 6.

[227] Carvalho, Xavier de. Cartas de Paris. *O Paiz*, 18 fev. 1912, p. 8.

[228] Carvalho, Xavier de. Cartas de Paris. *O Paiz*, 18 fev. 1912, p. 8.

[229] Carvalho, Xavier de. Cartas de Paris. *O Paiz*, 18 fev. 1912, p. 8.

[230] *Jornal do Recife*, 13 abr. 1912, p. 1.

[231] *Les Gaulois*, 9 jan. 1913, p. 3.

[232] *Jornal do Commercio*, 29 jan. 1913, p. 1.

[233] *Le XIXe Siècle*, 24 abr. 1913, p. 1.

[234] Mendès, Jane Catulle. Méditation. *Le Figaro*, 29 mar. 1913, p. 3.

[235] *Jornal do Brasil*, 11 maio 1913, p. 10.

[236] *A Notícia*, 3 dez. 1912, p. 1.

[237] *Correio da Manhã*, 13 jan. 1914, p. 1.

[238] *L'Espagne*, 26 fev. 1914, p. 2.

[239] *L'Espagne*, 26 fev. 1914, p. 2.

[240] *L'Espagne*, 26 fev. 1914, p. 2.

[241] *A Época*, 19 maio 1914, p. 1.

[242] *The New York Times*, 30 maio 1915, p. 18.

[243] Mendès, Jane Catulle. *La prière sur l'enfant mort*. Paris: Librairie A. Lemerre, 1921.

[244] *Ève*, 1º fev. 1925, p. 3.

[245] *Paris-Soir*, 14 set. 1925, p. 1.

[246] *Minerva*, 30 out. 1927, p. 4.

[247] *Détective*, 19 nov. 1931, p. 8.

[248] *Détective*, 19 nov. 1931, p. 8.

[249] *La Grife*, 27 out. 1927, p. 3.

[250] *A Notícia*, 29 out. 1908, p. 3

[251] *O Cruzeiro*, 27 dez. 1930, p. 10.

[252] *Jornal do Brasil*, 16 dez. 1930, p. 6.

[253] Moutinho, Marcelo. *Estrela de Madureira: a trajetória da vedete Zaquia Jorge, por quem toda a cidade chorou*. Rio de Janeiro: Record, 2024. p. 27.

[254] *Gazeta de Notícias*, 22 nov. 1934, p. 8.

[255] *Gazeta de Notícias*, 5 dez. 1934, p. 12.

[256] *Gazeta de Notícias*, 6 jan. 1935, p. 15.

[257] Albin, Ricardo Cravo (org.). *Dicionário Cravo Albin da Música Popular Brasileira*. Disponível em: https://dicionariompb.com.br/artista/frazao/. Acesso em: 6 out. 2025.

A primeira edição deste livro foi publicada em 2025, ano em que se comemoram os 200 anos das relações diplomáticas entre o Brasil e a França e em que o Rio de Janeiro é a Capital Mundial do Livro.
Composto com tipografia Adobe Garamond Pro e impresso em papel Off-White 80 g/m² na Formato Artes Gráficas.